KB270098

다윈가
플라톤가

Welcome to
지식인 마을
새싹마을
촘스키가
아크로폴리스
아고라
아인슈타인가
입구

듀이 & 로티

미국의 철학적 유산, 프래그머티즘

지식인마을 09 미국의 철학적 유산, 프래그머티즘

듀이 & 로티

저자_ 이유선

1판 1쇄 발행_ 2006. 11. 20.
2판 1쇄 발행_ 2013. 8. 27.
2판 4쇄 발행_ 2025. 2. 1.

발행처_ 김영사
발행인_ 박강휘

등록번호_ 제406-2003-036호
등록일자_ 1979. 5. 17.

경기도 파주시 문발로 197(문발동) 우편번호 10881
마케팅부 031)955-3100, 편집부 031)955-3200, 팩스 031)955-3111

값은 뒤표지에 있습니다.
ISBN 978-89-349-2171-4 04160
      978-89-349-2136-3 (세트)

홈페이지_ www.gimmyoung.com   블로그_ blog.naver.com/gybook
인스타그램_ instagram.com/gimmyoung   이메일_ bestbook@gimmyoung.com

좋은 독자가 좋은 책을 만듭니다.
김영사는 독자 여러분의 의견에 항상 귀 기울이고 있습니다.

지식인마을 09

듀이&로티
John Dewey & Richard Rorty

미국의 철학적 유산, 프래그머티즘

이유선 지음

김영사

등산하기와 철학하기

얼마 전부터 건강을 위해서 주말이면 가까운 산을 오르는 습관을 들이기 시작했다. 처음에는 산에 오르기가 너무 힘들어 공연한 짓을 하는 게 아닌가 하는 회의가 들기도 하고, 남들은 쉬지도 않고 씩씩하게 오르는데 혼자 헉헉대면서 가자니 스스로 한심하다는 생각도 들었다. 그러나 산에 오르는 횟수가 점점 늘어날수록 쉬는 횟수도 줄어들고 숨도 덜 가빠졌다. 이렇게 산에 오르는 것에 약간의 여유가 생기자 그전에는 보이지 않던 것들, 예를 들어 산에 있는 다양한 나무들과 여러 종류의 새들이 그제야 새삼 눈에 들어왔다.

산에 가서 가장 좋은 것은 정상에 올라가 아래 세상을 내려다보는 일이다. 가끔은 쑥스러움을 무릅쓰고 소리도 좀 질러본다. 아래서 올려다보면 까마득한 정상이, 한발 한발 옮기다 보면 언제 다 올라왔나 싶은 게 참 신기한 경험이다. 나무도 보고 새소리도 듣고 세상도 내려다보노라면 스트레스가 다 날아가는 것 같다.

그런데 매번 산에 갈 때마다 아쉬운 점이 있다. 이런 경험을 아이들과 함께하지 못한다는 것이다. 사실 산에 오는 사람들은 대부분 나이 드신 아저씨와 아주머니들이다. 나도 청소년 시절에는 산에 가본 기억이 거의 없다. 우리 아이들도 산에 가자고 하면 마지못해 따라나서기는 하지만, 별로 가고 싶어 하지 않는 눈치다. 그래서 억지로 가자고 하지 못한다. 오히려 아이들이 좀 불쌍하다는 생각이 들기도 한다. 열심히 놀면서 여러 가지 경험을 해야 할 나이에 입시 공부에 매달릴 수밖에 없는 고달픈 처지이기 때문이다. 아이들이 큰 부담 없이 함께 산에 갈 수 있다면 얼마나 좋을까.

산행에 대해 이렇듯 길게 얘기한 이유는 산에 오르는 일이 철학책을 읽는 일과 비슷하다고 생각하기 때문이다. 철학책을 읽는 것도 쉬운 일은 아니다. 생전 듣도 보도 못한 철학자들의 이름이 잔뜩 나오는 철학책을 읽으려고 하면 겁부터 더럭 나게 마련이다. 그렇지만 등산이 좀 힘들어도 정상에 오르면 스트레스가 풀리고 건강에도 도움이 되듯, 철학책을 읽는 것도 마찬가지다. 좀 어려운 철학책을 스스로 읽을 수 있다면 아마도 산 정상에서 세상을 내려다보는 것과 같은 즐거움을 경험할 수 있을 것이다.

철학자들은 모두 오르기 힘든 큰 산이다. 처음부터 쉬지 않고 오르려고 한다면 중턱도 못 가서 지쳐버릴지도 모른다. 자신의 체력에 맞게 천천히 쉬어가면서 주변의 나무도 보고 새소리도 듣다 보면 언젠가는 정상에 닿게 된다. 처음부터 너무 높은 산을 오르기보다는 동네 뒷산 같은 곳을 자주 오르는 것도 좋은 방법이다.

이 책은 프래그머티즘이라는 큰 산을 오르기 전에 체력 훈련 삼아 올라보라는 의미에서 쓴 동네 뒷산 격의 글이다. 쉽게 쓰려고 노력했지만, 읽다 보면 아마 큰 바위도 나오고 가파른 언덕도 더러 있을 것이다. 그렇지만 주변의 풀이나 나무를 살피면서 천천히 가다 보면 금세 정상에 오를 수 있을 것이다.

혹시 어려운 부분이 있더라도 글쓴이를 너무 나무라지 말고 그런 과정을 즐겼으면 좋겠다. 그렇게 낯설고 어려운 부분을 이해하려고 노력하는 동안 여러분들의 생각하는 힘이 점점 커질 것이라고 믿는다.

이 책을 읽는 분들에게 한 가지 바람이 있다면, 글을 읽으면서 끊임없이 자신도 같이 생각해보았으면 하는 것이다. 철학을 한다는 것은 다른 것이 아니라 자기 나름의 관점에 비추어 세상에서 일어나는 일들을 일관되게 생각해보는 것이 아닐까 한다. 간단한 일 같지만 사실 그렇게 하는 것이 그리 쉬운 일은 아니다. 우리는 대부분 자기 자신의 일관된 생각이 무엇인지 분명히 알지 못하기 때문이다.

이 책에서 소개하는 프래그머티스트들은 모두 미국 사회의 문제를 해결하기 위해 고민했던 철학자다. 그런 고민을 하면서 점점 자신들의 생각을 정리할 수 있었고 나중에는 미국의 철학이라고 할 수 있는 프래그머티즘의 전통을 만들게 되었다. 이 책에 등장하는 프래그머티스트들은 철학적인 생각이 우리 생활과 동떨어진 쓸데없는 것이라고 여기지 않았다. 이들은 우리 사회와 개인의 삶을 더 좋은 방향으로 개선하는 데 철학적인 생각이 큰 역할을 할 수 있다고 생각했다. 여러분도 끊임없이 그런 문제의식을 되뇌며 이 책을 읽는다면 철학이 그렇게 먼 산처럼 느껴지지만은 않을 것이다. 5장의 로티 부분은 거의 새로 쓰긴 했으나 본인의 졸저 《리처드 로티》(이룸, 2003)의 몇 문단을 수정, 가필

해서 삽입했음을 밝혀둔다.

 책을 쓰라고 권해준 장대익 박사님과 글을 쓰는 데 여러 모로 지원을 해준 출판사 관계자 여러분께 감사드린다. 준호와 진영이, 그리고 아내에게도 고마움을 전한다.

〈지식인마을〉시리즈는…

〈지식인마을〉은 인문·사회·과학 분야에서 뛰어난 업적을 남긴 동서양대표 지식인 100인의 사상을 독창적으로 엮은 통합적 지식교양서이다. 100명의 지식인이 한 마을에 살고 있다는 가정 하에 동서고금을 가로지르는 지식인들의 대립·계승·영향 관계를 일목요연하게 볼 수 있도록 구성했으며, 분야별·시대별로 4개의 거리를 구성하여 해당 분야에 대한 지식의 지평을 넓히는 데 도움이 되도록 했다.

〈지식인마을〉의 거리

플라톤가 플라톤, 공자, 뒤르켐, 프로이트 같이 모든 지식의 뿌리가 되는 대사상가들의 거리이다.

다윈가 고대 자연철학자들과 근대 생물학자들의 거리로, 모든 과학 사상이 시작된 곳이다.

촘스키가 촘스키, 베냐민, 하이데거, 푸코 등 현대사회를 살아가는 인간에 대한 새로운 시각을 제시한 지식인의 거리이다.

아인슈타인가 아인슈타인, 에디슨, 쿤, 포퍼 등 21세기를 과학의 세대로 만든 이들의 거리이다.

이 책의 구성은

〈지식인마을〉 시리즈의 각 권은 인류 지성사를 이끌었던 위대한 질문을 중심으로 서로 대립하거나 영향을 미친 두 명의 지식인이 주인공으로 등장한다. 그리고 다음과 같은 구성 아래 그들의 치열한 논쟁

을 폭넓고 깊이 있게 다룸으로써 더 많은 지식의 네트워크를 보여주
고 있다.

초대 각 권마다 등장하는 두 명이 주인공이 보내는 초대장. 두 지식
인의 사상적 배경과 책의 핵심 논제가 제시된다.

만남 독자들을 더욱 깊은 지식의 세계로 이끌고 갈 만남의 장. 두 주
인공의 사상과 업적이 어떻게 이루어졌으며, 그들이 진정 하고 싶었
던 말은 무엇이었는지 알아본다.

대화 시공을 초월한 지식인들의 가상대화. 사마천과 노자, 장자가
직접 인터뷰를 하고 부르디외와 함께 시위 현장에 나가기도 하면서,
치열한 고민의 과정을 직접 들어본다.

이슈 과거 지식인의 문제의식은 곧 현재의 이슈. 과거의 지식이 현
재의 문제를 해결하는 데 어떻게 적용될 수 있는지 살펴본다.

이 시리즈에서 저자들이 펼쳐놓은 지식의 지형도는 대략적일 뿐이
다. 〈지식인마을〉에서 위대한 지식인들을 만나, 그들과 대화하고, 오
늘의 이슈에 대해 토론하며 새로운 지식의 지형도를 그려나가기를
바란다.

지식인마을 책임기획 장대익
서울대학교 자유전공학부 교수

Contents 이 책의 내용

Chapter 3 대화

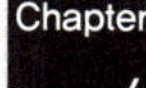

Chapter 4 이슈

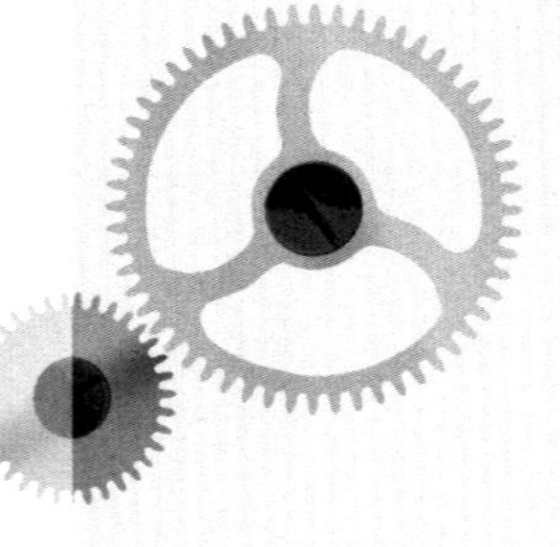

John Dewey

초대

INVITATION

Richard Rorty

톰 소여와 프래그머티즘

아마도 어렸을 때 《톰 소여의 모험 The Adventures of Tom Sawyer》(1876)이나 《허클베리 핀의 모험 The Adventures of Huckleberry Finn》(1884)이라는 동화책을 읽은 적이 있을 것이다. 그 책들은 마크 트웨인 Mark Twain, 1835~1910이라는 미국 소설가가 1870~80년대에 쓴 소설이다. 당시는 미국의 남북전쟁이 끝난 지 얼마 되지 않은 시기였고, 마크 트웨인은 소설 속 주인공인 장난꾸러기 톰 소여와 허클베리 핀을 통해 당시 미국 사회의 모습을 잘 그려놓았다. 이 소설들 속에는 우리가 앞으로 살펴볼 프래그머티즘 Pragmatism이라는 미국 철학을 이해하는 데 도움을 줄 중요한 이야기가 숨어 있다.

《톰 소여의 모험》은 톰 소여가 폴리 이모한테 하기 싫은 일거리를 떠맡는 장면으로 시작한다. 톰은 학교에 다니지 않는 고아 소년인 허클베리 핀과 어울려 미시시피 강에서 낚시를 하거나 해적이 감추어놓은 보물을 찾기 위해 모험을 하는 것을 좋아하는 장난꾸러기다. 톰은 틈만 나면 학교를 빼먹고 허클베리 핀과

놀러 다닐 궁리를 한다. 그러던 어느 날 폴리 이모에게 톰이 학교를 빼먹은 사실이 발각된다. 톰의 장래가 걱정된 폴리 이모는 톰에게 단단히 벌을 주어 정신을 차리게 만들어야겠다고 결심한다. 폴리 이모가 생각해낸 벌은 집 담장에 페인트칠을 하는 것이었다.

장난꾸러기 톰 소여가 페인트칠하는 일을 좋아할 리 없다. 그 일이 너무나도 하기가 싫었지만 도망갈 수도 없는 처지가 된 톰이 궁리 끝에 생각해낸 방법은 그 일을 대단하게 보이도록 해서 동네의 장난꾸러기들이 너도나도 해보고 싶게 만드는 것이었다. 능구렁이 같은 톰의 수법을 잠깐 구경해보자.

"야, 너 꼼짝없이 붙잡혔구나."

톰은 뒤를 돌아보았습니다.

"어, 벤이니? 난 네가 온 줄도 몰랐어."

"난 수영하러 가는 길이야. 너도 가고 싶지 않니? 하지만 일이 있어서 안 되겠구나."

톰은 다시 부지런히 페인트를 칠하면서 말했습니다.

"일이라고? 글쎄, 그건 잘 모르겠지만 아무튼 나는 재미있어서 못 견디겠어."

"뭐라고? 설마 좋아서 하고 있는 것은 아니겠지?"

"왜, 좋아서 하면 안 된다는 거니? 어린이가 울타리에 페인트 칠할 기회가 어디 그리 흔한 줄 아니?"

톰은 솔로 조금 칠해놓고는 약간 뒤로 물러나 다시 보고 또 군데군데를 칠했습니다. 벤은 물끄러미 바라보고 있는 사이에 점

점 그 일이 하고 싶어졌습니다.

"톰, 나도 잠깐만 해보자."

톰은 당장이라도 시키고 싶었지만 꾹 참았습니다.

"안 돼. 이 울타리는 폴리 이모가 굉장히 신경을 쓰시거든. 이걸 솜씨 좋게 칠할 수 있는 아이는 1,000명이나 2,000명 중에 한 사람밖에 없을 거야."

"정말? 제발 부탁이니 나도 좀 하게 해줘. 이 사과 한입 줄게."

"그래? 그렇다면……. 아니, 역시 안 되겠어."

"통째로 다 줄게."

톰은 마지못해 못 이기는 척하면서 기꺼이 솔을 건네주었습니다. 그리고 벤이 땀을 뻘뻘 흘리며 일을 하고 있는 동안 그늘 밑의 나무통 위에 앉아 사과를 맛있게 먹었습니다.

벤을 이런 식으로 속여 넘긴 톰은 그 다음부터 동네 꼬마들이 바치는 선물을 챙기면서 그들이 열심히 일하는 것을 구경하는 것밖에는 할 일이 없게 된다.

이 얘기는 우리가 어떤 말의 의미가 무엇인지를 물을 때, 그 말의 의미를 생각하는 한 가지 방법을 알려준다. 페인트칠은 대개의 경우 힘든 일로 여겨진다. 그렇지만 톰 소여는 페인트칠을 힘든 일이 아니라 너도나도 하고 싶어 하는 재미있는 일로 만들어버렸다. 톰 소여가 아이들을 속이거나 최면이라도 건 것일까? 만약에 톰이 아이들이 힘들게 여기는 일을 억지로 시켰다면 톰은 아이들을 속인 것이 될 것이다. 그렇지만 톰 소여에게 선물을 바치고 페인트칠을 한 아이들은 힘들다고 생각하기는커녕 페인트칠을 매우 재미있고 의미 있는 일로 여겼다.

우리는 여기서 '힘들다'는 말의 뜻을 한번 생각해볼 필요가 있다. 힘들다고 하는 것은 처음부터 의미가 정해져 있는 것일까? 만약 그렇다면 힘든 일도 정해져 있을 것이다. 톰이 처음에 그랬듯이 많은 사람들이 페인트칠은 힘든 일이라고 생각한다. 그런데 톰의 수법에 넘어간 아이들이 페인트칠을 재미있고 의미 있는 일로 생각했다면 '페인트칠은 힘든 일이다'라는 말은 적어도 그 경우에는 틀린 말이 된다.

우리 주변에는 상황이나 사람들의 태도에 따라서 뜻이 달라지는 말이 많이 있다. 우리나라의 세계적인 탐험가인 박영석 씨는 세계의 높은 산을 모두 올랐을 뿐 아니라 남극과 북극까지 정복했다. '극지 탐험'이란 우리에게는 목숨이 걸린 위험한 일이지만, 그런 탐험가들에게는 짜릿하고 흥미 있는 모험이다.

이렇게 우리가 사용하는 말은 어떤 상황에서 쓰이느냐에 따라 그 의미가 달라진다. 어려운 철학 용어도 마찬가지 관점에서 생각해볼 수 있다. 예를 들어 철학자들은 '진리'라는 단어가 누구에게나 똑같은 의미를 가져야 한다고 생각했지만, 막상 철학자들조차도 그 의미를 조금씩 다르게 쓰고 있다.

우리가 앞으로 살펴볼 미국의 철학자들은 우리가 사용하는 말의 의미가 미리 정해져 있는 것이 아니라고 생각한다. 프래그머티스트라고 불리는 이 철학자들에 의하면 말의 의미는 우리가 그 말을 여러 가지 사례에 적용해보고 얻게 된 결과에 의해서 정해진다. 이렇게 보면 말의 의미는 고정되어 있지도 않고, 영원하지도 않다.

한 걸음 더 나아가 이들은 말뿐만 아니라 우리의 도덕적인 신념이나 참과 거짓, 혹은 옳고 그름의 기준 같은 것도 시간에 따라서 변하는 것이라고 주장한다. 마크 트웨인은 노예인 짐을 탈출하도록 도와준 허클베리 핀과 톰 소여를 통해서 도덕적인 기준이 바뀔 수 있다는 것을 보여주었다.

당시 미국은 남북전쟁(1861~1865)이 끝난 후라 노예들이 해방되었다고는 하지만 여전히 많은 노예들이 자유를 얻지 못한 상황이었고, 백인들은 흑인 노예가 자신들과 같은 사람이라고 생각하지 않았던 시대였다. 그래서 소설 속 사람들은 탈출을 시도하다가 잡힌 짐을 목매달아달라고 소리치면서도 자신들이 사람을 죽이려 하고 있다는 생각을 하지 않는다.

이런 상황에서 톰 소여와 허클베리 핀은 짐을 어떻게든 탈출시켜 자유인이 되게 하려고 생각했다. 요즘의 시각으로는 당연하게 여겨질 수도 있는 그런 일이 당시의 상황에서는 쉽게 상상할 수 없는 일이었다. 도망간 노예를 잡아서 벌을 주어야 한다는 것이 당시로서는 당연한 상식이었고, 도덕적인 기준에 맞는 일이었기 때문이다. 말하자면 모험을 좋아하는 장난꾸러기인 톰 소여와 허클베리 핀은 자신이 몸담고 있는 사회의 도덕을 깨뜨리려고 했던 것이다.

이 이야기는 옳고 그름을 가릴 수 있는 기준이 시대나 상황에 따라서 달라질 수 있다는 교훈을 전해준다. 톰 소여와 허클베리 핀이 기존의 인종차별적인 도덕관을 버리고 흑인 노예인 짐을 구해낼 수 있었던 이유는 무엇일까? 그것은 짐을 노예가 아니라 자신들의 친구로 생각했기 때문이다. 친구를 구하기 위해 그동안 자신들이 옳다고 여겨왔던 생각을 버린 것이다.

미국에서 풋볼 선수로 성공한 하인스 워드는 혼혈인이다. 그는 자신이 속한 팀을 우승으로 이끌면서 세계적인 스타가 되었다. 큰 덩치와 어울리지 않게 틈만 나면 자기를 어렵게 키워준 어머니에게 고마움을 표하면서 눈물을 흘렸던 그가 어머니를 모시고 한국을 방문했을 때 온 국민이 환영을 하고 가는 곳마다 많은 인파가 몰렸다.

그러나 이런 모습을 보면서 가슴 아파 하는 사람들도 있었다. 바로 우리나라에 살고 있는 혼혈인들인데, 이들은 우리 사회의 심한 편견과 차별 때문에 힘들게 살아가고 있기 때문이다. 이런 사람들의 고통을 덜어주기 위해서는 혼혈인에 대한 그동안의 잘못된 편견을 버려야 한다. 그렇게 하기 위해서는 '한국인은 단일민족'이라는 생각을 먼저 버려야 할지도 모른다. 우리가 어려서부터 당연하게 여겨온 그런 생각이 우리 사회에서 함께 살아가야 하는 많은 사람들을 힘들게 만들 수 있기 때문이다.

그러나 이렇게 기존의 관점을 버린다는 것이 쉬운 일은 아니다. 때때로 그런 일은 매우 위험한 결과를 가져오기도 한다. 예를 들어 '왕후장상王侯將相의 씨가 따로 있느냐'며 신분 사회의 고정 관념을 비판했던 노비 만적萬積은 죽임을 당했다. 우리말 가운데 '미망인'이라는 말이 있는데, 남편이 일찍 죽어서 홀로 된 부인을 일컫는 말이다. 그 한자를 보면 '아직 안 죽은 사람'이라는 뜻으로, 남편이 먼저 죽으면 아내는 정절을 지키기 위해 마땅히 따라 죽어야 한다는 무시무시한 도덕관을 포함하고 있다.

그릇된 도덕관을 바꾸기 위해서는 톰 소여나 허클베리 핀과

같이 그동안 옳다고 여겼던 생각을 버릴 수 있어야 한다. 이들은 자신들이 옳다고 믿었던 백인들의 일반적인 도덕 관념을 버림으로써 흑인도 자신들과 동등한 사람이라는 더 큰 깨달음을 얻었다. 이것은 말의 의미가 처음부터 정해져 있는 것이 아니듯이, 도덕적으로 옳고 그른 일을 가릴 수 있는 기준도 처음부터 정해져 있는 것이 아니라는 사실을 말해준다.

우리가 살펴볼 미국의 철학자들, 즉 제임스, 퍼스, 듀이, 로티 등은 모두 말의 뜻이나 도덕적인 가치 기준이 처음부터 정해져 있으며 변하지 않는다는 생각에 반대했던 사람들이다. 이들의 철학적 입장을 프래그머티즘이라고 하는데, 프래그머티즘이라는 말을 처음 사용한 퍼스와 그것을 퍼뜨린 제임스는 마크 트웨인이 살았던 시대의 사람들이다. 때문에 마크 트웨인의 소설이 제임스나 퍼스가 생각했던 철학적 내용을 잘 풀어내고 있는 것 같아 소개해보았다.

프래그머티즘이라는 미국의 철학이 등장한 것은 그들이 살았던 시대 상황과 무관하지 않다. 프래그머티스트라고 불리는 이 철학자들의 생각을 살펴보기에 앞서, 프래그머티즘이라는 철학이 어떻게 탄생했고 어떤 특징을 가지고 있는지 간단히 살펴보기로 하자.

프래그머티즘의 탄생

'프래그머티즘'이라는 용어에 대한 설명은 뒤에서 자세히 하겠지만, 이 용어가 낯선 사람이 많을 것이다. 그렇지만 이 단어를 들어보지 못한 사람도 '실용주의'라고 하면 고개를 끄덕일 것이다. 실용주의는 프래그머티즘의 번역어인데, 우리 사회에서 실용주의라는 말을 너무 가볍게 사용하고 있기 때문에 여기서는 프래그머티즘이라는 용어를 쓰려고 한다. 그 이유에 대해서는 다음 장에서 다시 말할 것이다.

미국은 역사가 길지 않지만 오늘날 그 파워가 막강한 나라다. '미국' 하면 떠오르는 것만 해도 넓은 땅덩어리와 막강한 군사력, 자동차, 맥도날드 햄버거, 코카콜라, 할리우드 영화 등 수도 없이 많다. 그러나 미국과 쉽게 연결되지 않는 분야가 있는데, 바로 철학이다. 대표적인 철학자 플라톤, 데카르트, 칸트, 헤겔, 니체 등은 모두 유럽의 철학자다. 그래서 우리는 미국에는 철학이 없는 것처럼 생각할 수도 있다.

그렇지만 이는 미국이라는 나라와 그 문화를 크게 오해하는 것이다. 어떤 사회든 물질문명이 발달하기 위해서는 그에 걸맞은 정신적인 성숙이 뒷받침되어야만 한다. 미국은 짧은 역사에도 다양한 분야의 학문적 전통을 쌓아왔다. 철학도 예외는 아니다. 물론 오늘날 미국 철학의 중심을 차지하고 있는 것은 '분석 철학'이라는 철학의 한 영역이지만, 미국인은 그들의 고유한 철학적 유산으로서 프래그머티즘의 전통을 가지고 있다.

프래그머티즘의 탄생은 톰 소여와 허클베리 핀이 미시시피 강에서 뗏목을 타고 다니던 19세기 말로 거슬러 올라간다. 당시에는 지성인들이 모여서 서로 토론하는 모임이 유행했던 것 같다. 찰스 샌더스 퍼스^{Charles S. Peirce, 1839~1914}는 1870년대 초에 케임브

리지(미국 매사추세츠 주 북동부에 있는 대학 도시)에서 변호사인 홈스Oliver W. Holmes, 그린Nicholas Green 등과 과학자이자 철학자인 피스크John Fiske, 애벗Francis E. Abbot 등과 더불어 모임을 갖곤 했다는 기록을 남겼다.

그들은 자신들의 모임에 '형이상학 클럽'이라는 이름을 붙였는데, 이것은 당시 미국 지성인들 사이에 유행했던 일반적인 철학 토론 그룹의 명칭이었다고 한다. 그러나 퍼스와 윌리엄 제임스William James, 1842~1910가 참여한 토론 그룹의 멤버들이 대부분 형이상학을 좋아하지 않았던 것으로 미루어 아마도 고의로 그런 아이러니한 이름을 붙였던 것 같다. 그들이 얼마나 정기적으로 만났는지는 분명치 않지만 어쨌든 이 모임의 토론에서 퍼스가 처음으로 프래그머티즘이라는 단어를 사용했다고 제임스는 말하고 있다.

그러나 프래그머티즘이라는 단어가 대중에게 알려진 것은 20여 년이 지난 후였다. 제임스는 1898년 캘리포니아 대학 버클리 캠퍼스에서 강연을 했는데, 그때 프래그머티즘의 원리를 소개하면서 그것이 퍼스의 아이디어였다고 밝혔다. 그 이후 프래그머티즘은 하나의 철학적 입장을 가리키는 단어로 사용되기 시작했다.

프래그머티즘을 두고 흔히 미국인의 생활방식을 반영한 철학이라고 말한다. 이런 평가는 절반은 맞고 절반은 틀리다. 우선 프래그머티즘이 탄생하게 되는 시대적인 배경을 생각해보면 거기에는 분명히 미국인들의 시대적인 요구가 반영되어 있음을 알 수 있다.

당시는 남북전쟁이 끝나고 도시화, 산업화가 빠르게 진행되면서 미국이 공업 국가로 변하는 시기였다. 미국인들은 그동안 프로테스탄트 신앙을 바탕으로 근면한 생활을 권장해왔는데 이런 생활 태도를 공업화에 적용할 필요가 있었고, 급속한 산업혁명 과정에서 발생하는 여러 가지 사회 문제를 해결해야 했다.

프래그머티즘은 미국인의 청교도적인 근면함이나 검소함, 이웃에 대한 사랑과 같은 좋은 가치들을 그대로 보존하면서, 공업화의 도전에 대응할 방안을 찾고자 했다.

퍼스나 제임스의 관심은 어떤 문제가 생겼을 때 그것을 해결하는 가장 좋은 방법이 무엇이며, 어떤 태도로 그 문제에 접근해야 하는가 하는 것이었다. 그들은 기존의 형이상학적 철학이 문제를 해결할 수 있는 관점을 제시하지 못한다고 생각했다. 왜냐하면 그런 철학은 자기가 마치 모든 해답을 알고 있는 것처럼 딱딱한 태도를 취했기 때문이다. 예를 들어 공업화가 진전되면서 사람들은 자신의 종교적인 세계관이 새로운 과학적 지식에 의해 위협을 받는다고 느끼게 된다. 이렇게 종교와 과학이 갈등을 겪는 상황에서 둘 중 하나만 택하라고 하면, 사람들은 매우 곤란해할 것이다. 이런 문제를 해결할 만한 철학적인 관점이 당시에는 없었기 때문에, 퍼스나 제임스 같은 사람들은 나름대로 해결책을 찾을 수밖에 없었다.

프래그머티즘은 어떤 문제에 대해서 미리 특정한 관점을 정해놓는 태도는 옳지 않다고 생각한다. 퍼스와 제임스는 문제 해결을 위한 여러 가지 가설을 제시하고 그 가설을 실제로 적용해보았을 때 어떤 결과를 얻을 수 있는지 살펴보는 것으로 시작한다. 그중 가장 좋은 결과를 낳는 관점이 가장 올바른 관점이 되는 것이다. 이런 태도는 미국인의 검소함, 근면함, 개척 정신, 실험 정신과도 맞아떨어진다.

프래그머티즘이 미국인의 실용적인 생활 태도와 잘 맞고, 또 미국이 공업화되는 과정에서 나타난 사회적인 갈등을 해결해주는 방안으로 등장한 것은 사실이다. 하지만 그렇다고 해서 그것이 미국의 어떤 특수한 상황에만 적용될 수 있는 철학적 관점이라고 한정할 수는 없다. 프래그머티즘은 시대적인 문제를 해결하는 데서 더 나아가 보편적인 철학적 문제들을 다룰 수 있는 깊이 있는 논의들을 포함하기 때문이다.

제임스와 퍼스의 프래그머티즘을 정치, 사회, 교육의 영역으로 확장시켜 미국 철학의 부흥을 꾀한 존 듀이^{John Dewey, 1859~1952}의 업적을 통해서 우리는 프래그머티즘이 문제 해결을 위한 방법론에 한정되지 않는다는 사실을 확인할 수 있다. 듀이는 제임스와 퍼스보다 20년 정도 늦게 태어나 대학에서 그들의 저작을 공부한 철학자다. 그는 철학자이자 사회운동가, 교육학자였으며 문제 해결을 위한 제임스와 퍼스의 실험적인 태도를 교육에 적극적으로 적용했다. 듀이는 교육을 통해 사회를 개선할 수 있다고 믿었으며, 학교를 민주주의의 훈련장이라고 생각했다. 듀이가 적극적으로 활동했던 1920~40년은 미국 프래그머티즘의 전성기라고 할 만하다.

그러나 미국의 프래그머티즘은 듀이가 사망한 1952년 이후 점차 미국의 학계에서 사라지게 된다. 프레게, 러셀, 비트겐슈타인 등의 논리실증주의의 영향을 받아 분석철학적인 풍토가 자리잡게 된 것이다. 이런 분위기는 제2차 세계대전 이후 계속되어 오늘날까지 이어지고 있지만, 1980년을 전후해서 미국의 프래그머티즘 전통은 다시 주목을 받게 된다.

1979년 프린스턴 대학에서 강의를 하고 있던 리처드 로티 Richard M. Rorty, 1931~는《철학과 자연의 거울 Philosophy and the Mirror of Nature》이라는 책을 내놓으면서 분석철학의 기본 입장을 비판하고, 제임스와 듀이의 프래그머티즘을 계승하는 네오프래그머티즘을 앞세우고 나왔다.

로티의 주장은 미국 철학계에서 매우 충격적으로 받아들여졌다. 분석철학 영역에서도 인정받는 철학자인 로티가 분석철학적 작업을 부정하고 프래그머티즘을 부활시켜 새로운 철학, 새로운 문화를 제안하고 나섰기 때문이다. 분석철학이란 꼼꼼한 논리적인 분석을 통해서 철학이 우리가 사는 세계의 진리를 밝히는 작업이 되어야 한다고 생각하는 철학인데, 로티는 모든 시대에 통할 수 있는 영원불변한 진리가 존재한다는 생각 자체를 부인했다. 그는 자신의 주장을 펼치기 위해서 듀이와 제임스의 철학뿐만 아니라 독일의 철학적 해석학과 프랑스의 해체주의 철학 같은 다양한 현대 철학의 주장을 받아들였다. 또한 그동안 미국 철학자들이 소홀히 해왔던 사회 철학이나 문학 비평 등도 받아들였다.

꼭 들어맞는 구분은 아니지만, 로티처럼 영원불변한 진리의 존재를 부인하는 철학자들을 흔히 반실재론자, 반본질주의자 등의 용어로 부른다. 로티 자신도 프래그머티스트 중에서도 가장 실재론적인 입장을 가진 철학자 퍼스보다는 듀이와 제임스의 입장을 계승했다고 말하고 있다. 로티에 의해서 새롭게 되살아난 프래그머티즘은 듀이 이후 제2의 전성기를 맞고 있다.

John Dewey

Chapter 2

만남

MEETING

Richard Rorty

프래그머티즘이란 무엇인가?

실용주의와 프래그머티즘

이제 프래그머티즘이라는 이름이 붙은 지식인마을의 촌장과 그 마을의 중요한 인사들을 만나볼 차례다. 하지만 그들과 직접 만나기 전에 이 마을의 이름이 어떤 뜻을 가지고 있는지, 그리고 이 마을의 주민들은 어떤 생각을 가지고 있는지 먼저 살펴보는 것이 좋겠다. 우리에게는 여전히 이 마을의 이름이 낯설고, 이미 마을 이름을 들어본 사람이라 하더라도 마을 사람들의 생각을 잘못 이해했을 수도 있기 때문이다.

프래그머티즘^{pragmatism}이라는 용어는 그리스어의 프래그마^{pragma}에서 왔으며 '실제', '실천' 등의 의미를 가지고 있다. 이 용어를 철학적으로 사용한 사람은 독일의 철학자 칸트^{Immanuel Kant, 1724~1704}였다. 칸트의 책을 통째로 암기했던 퍼스가 아마 칸트의 생각에서 아이디어를 얻어 프래그머티즘이라는 용어를 만든 것으로 짐작된다.

우리는 이 용어를 실용주의라고 번역해왔는데, 이 용어가 철학적 관점을 일컫기보다 생활 속의 태도나 입장을 일컫는 말로 더 많이 사용되면서 부정적인 의미가 강해졌다. 여기서 퀴즈를 하나 풀고 가자.

> Q. 다음 중에서 실용주의의 뜻을 가장 올바르게 담고 있는 문장은?
> ① 뭘 그리 골치 아프게 생각해? 좋은 게 좋은 거야!
> ② 우리 대학교는 실용주의 교육을 하기 때문에 순수학문은 가르치지 않습니다.
> ③ 덩샤오핑은 실용주의 노선을 택해 중국 경제를 살렸다.

우리가 철학 사상으로서의 프래그머티즘을 실용주의라고 생각한다면, 유감스럽지만 퀴즈에 대한 정답은 없다.

①은 원칙이나 이론적인 깊이 없이 현실적인 효용성만을 중요하게 생각하는 세속적인 태도를 나타낸다. 프래그머티즘은 그런 구원칙적인 철학적 입장이 아니다. 상식적으로 생각해보아도 무조건 좋은 게 좋은 것이라고 외치는 입장을 철학적인 입장으로 볼 수는 없지 않은가? 우리가 살펴볼 프래그머티스트들은 나름대로의 원칙을 가지고 있으며, 심지어 형이상학적인 관점을 가지고 있기도 하다. 따라서 ①은 답이 아니다.

②는 우리나라 대학들이 실용주의라는 용어를 잘못 사용하는 예다. 이런 경우는 시장주의나 경제주의라는 말이 더 맞을 것이다. 프래그머티스트들은 순수학문의 중요성을 강조하는 철학자

들이다. 심지어 퍼스는 논리학 교육을 교과 과정에 넣어야 한다고 주장했다가 대학에서 쫓겨났다는 이야기도 있다. 프래그머티스트들은 모두 과학적 탐구의 과정을 중요하게 생각한다. 제임스와 퍼스는 생리학, 화학, 물리학, 수학과 같은 순수학문을 연구하다가 프래그머티즘이라는 아이디어를 생각해낸 것이다.

③은 정치적 노선에 대한 이름으로 실용주의가 사용되는 경우다. 듀이나 로티 같은 프래그머티스트들은 사회민주주의˙를 정치적 입장으로 내세우고 있다. 그런 점에서 무원칙이나 무소신의 정치적 노선을 실용주의라고 부르는 것은 오해의 소지가 있다. 프래그머티즘적인 사고 방식을 정치적 영역에 적용한 두 사람은 모두 귀족주의, 전제 정치, 엘리트주의 등의 반민주주의적인 정치 제도나 입장에 대해 반대하고 민주주의를 적극적으로 주장한 철학자들이다(이들이 주장하는 민주주의 안에는 경제적인 민주주의도 포함되어 있다).

실용주의라는 단어가 생활 태도나 정치적 입장을 나타내는 용어로 사용될 때는 항상 무원칙, 무소신, 결과제일주의, 경제주의 등의 부정적인 의미로 사용된다. 우리가 여기서 살펴볼 프래그머티즘은 일관된 관점을 가진 철학적 입장이다. 따라서 그것을 실용주의라고 할 경우 여러 가지 잘못된 선입견 때문에 오해를 불러일으킬 수 있다. 그래서 프래그머티즘이라는 외래어를 사용하는 것이 차라리 낫겠다는 생각이 들었다.

하지만 프래그머티즘이 위와 같은 오해를 받는 데 프래그머티스트들의 책임이 전혀 없는 것은 아니다. 이들은 자신의 입장을 설명할 때 여러 가지 단어를 사용했는데, 그 단어들이 오해의 여지가 많았다. 예를 들어 듀이의 '도구주의instrumentalism'라는 단어는 마치 프래그머티즘이 모든 것을 목적을 위한 수단으로 간주하는 듯한 오해를 불러일으킨다. 듀이가 생각한 도구주의는 자기의 이익을 위해서라면 무엇이든 수단으로 삼을 수 있다는 의미가 아니다. 단지 우리가 어떤 곤란한 문제에 부딪쳤을 때 지식이 문제 해결의 도구가 될 수 있다는 뜻이다. 프래그머티스트들은 '실험주의'라는 용어도 사용했는데, 이 단어 역시 마치 프래그머티스트들이 모든 것을 실험해보아야 직성이 풀리는 사람들인 것처럼 오해하게 만들 소지가 있다. 이들이 이런 단어를 쓴 것은 단지 문제 해결을 위한 가설 제시가 중요하다는 것을 강조하기 위해서였을 뿐이다.

그러면 프래그머티즘이라는 단어를 어떻게 이해해야 할까? 프래그머티즘은 다른 철학들처럼 형식적인 틀이나 원칙으로 이루어진 복잡한 철학 이론이 아니다. 프래그머티즘은 인간의 지적 활동이 의심에서 시작한다고 생각한 하나의 철학 운동이다. 이들은 의심되는 문제를 해결하기 위해서는 가설을 생각해내고 그 가설을 실제로 검증해봄으로써 문제 해결에 도달할 수 있다고 주장했다. 그처럼 실천적인 과정을 거쳐서 문제가 해결되면 불안정한 상태가 안정된 상태로 바뀌고, 문제가 해결되었기 때문에 전보다 더 나은 상황에서 살 수 있다는 주장이다. 따라서 프래그머티즘은 인간의 지식이 가지고 있는 실천적인 유용성을 중

시하는 철학적 태도라고 할 수 있다.

영원불변한 진리는 없다

철학자들이 가장 관심을 가지고 있는 철학적인 문제 가운데 하나는 인간에게 있어서 참된 지식, 즉 진리란 무엇인가 하는 것이다.

우리는 학교에서 많은 지식을 배우며 교과서에 나오는 내용을 열심히 외우곤 했다. 하지만 우리가 암기하고 있는 지식이 틀렸다고 생각하거나 혹시 틀렸을 수도 있다고 의심해본 적은 없을 것이다. 적어도 교과서에 담긴 지식은 언제나 옳은 것이어야 한다. 그런데 어떤 근거에서 우리가 참된 지식을 배우고 있다고 말할 수 있을까? 우리가 공부하는 모든 내용은 과학적으로 증명된 것들일까? 설사 그렇다고 하더라도 과학적인 지식이 항상 참이라고 할 수도 없지 않은가? 예를 들어 우리는 학교에서 지동설과 진화론이 옳다고 배우지만 그 이론이 나오기 전에는 천동설과 창조론이 옳다고 배웠다. 옛날 사람들은 새로운 이론이 나왔을 때 자신들이 옳다고 믿었던 지식을 어떻게 해서든지 지키려고 했지만 결국 새로운 이론을 받아들일 수밖에 없었다. 우리가 학교에서 배우는 지식들도 언젠가는 마찬가지 운명에 처하게 되지 않으리라는 것을 어떻게 확신할 수 있겠는가?

이런 생각을 하다 보면 자연스럽게 참된 지식과 그렇지 않은 지식을 가릴 수 있는 기준이 무엇인지 의문을 갖게 된다. 이런 물음에 답하는 철학의 영역을 진리론이라고 한다. 전통적으로 철학자들은 진리의 문제에 대해 두 가지 입장을 가지고 있었다.

첫째는 진리대응설이라고 하는 입장이다. 이 입장은 어떤 지식을 표현하는 우리의 말과 그 말이 가리키는 것이 서로 맞아떨어지면 그 말은 참이라고 보자는 입장이다. 대부분의 과학적인 지식들은 이런 진리대응설에 입각해서 참이라고 여겨진다. 지동설이 참이라고 말할 수 있는 이유는 지구가 태양 주위를 돌기 때문이며, 진화론이 참이라고 말할 수 있는 이유는 다양한 화석들이 진화의 역사를 보여주기 때문이다.

그런데 이런 진리대응설은 우리의 지식을 표현하는 말과 사실이 정확하게 일치하는지 그렇지 않은지 불분명한 경우에는 설득력을 잃는다. 다음 그림을 보자. 이 그림은 무엇을 그린 것일까?

준호는 이 그림을 보고 오리라고 말했고, 진영이는 토끼라고 말했다. 누구의 말이 맞을까? 진리대응설의 입장에서는 둘 중 한 사람의 말만 맞아야 하는데 이 경우에는 누가 옳게 보았다고 판정을 내리기가 힘들다.

그러면 누구 말이 옳은지 약속을 하기로 하면 어떨까? 철학자

들이 전부터 생각해온 관점 중의 하나는 이렇게 사람들끼리 약속을 해서 진리의 기준을 정하자는 것이다. 이것을 진리대응설과 구분해서 진리정합설이라고 한다. 정합적이라는 말은 서로 앞뒤가 맞는 이야기를 한다는 의미다. 이런 관점은 수학이나 논리학처럼 서로 앞뒤가 잘 맞아떨어지는 지식 체계 속에서 참인 지식을 설명하는 데 장점이 있다. 1 더하기 1은 2라고 믿는 사람에게 2 더하기 2가 4라는 것은 참이다. 준호가 진영이를 좋아한다고 말하면서 진영이가 싫어하는 말이나 행동을 한다면, 준호가 진영이를 좋아한다고 말한 것이 거짓말이거나 어쩔 수 없이 그렇게 할 수밖에 없는 어떤 사정이 있을 것이다.

그러나 진리정합설의 관점을 가지고 참된 지식의 기준을 정하더라도 문제가 없는 것은 아니다. 기준을 정하는 사람들이 모두 다 잘못된 생각을 가지고 있어서 엉뚱한 기준을 정할 수도 있기 때문이다. 애꾸눈만 사는 나라에 가면 두 눈을 가진 사람은 비정상이 된다. 종말론 같은 종교를 믿는 사람들에게는 이 세상의 모든 일들이 종말을 예고하는 사건들로 해석될 것이다.

프래그머티스트들은 진리대응설이나 진리정합설에 이런 문제가 있기 때문에 참된 지식에 대해서 좀 다른 방향에서 생각해보고자 했다. 예를 들면 듀이 같은 철학자는 '진리'라는 말 대신에 보증된 주장가능성이라는 말을 사용했다. 말이 좀 어렵게 들리지만, 그렇게 어려운 이야기는 아니다. 이 말은 우리가 무엇을 참이라고 하는 것은 그것이 어떤 사실과 맞아떨어지거나, 다른 말들과 앞뒤가 잘 맞는 이야기여서가 아니라, 문제를 해결해주는 유용성을 갖기 때문이라는 것이다. 말하자면 어떤 문제 상황에 부딪혔을 때 우리는 그 문제를 해결하기 위해 여러 가지 생각을 하고 해결책을 찾게 된다. 그 과정에서 여러 사람에 의해 문제를 해결할 수 있는 쓸 만한 믿음이나 주장이 선택되고 그렇게 얻어진 지식이 참된 지식이라는 것이다. 그런 지식은 여러 사람이 문제를 해결하는 데 도움이 된다고 보증하기 때문에 우리는 그 지식을 가지고 비슷한 문제에 부딪힌 사람들에게 옳다고 주장할 수가 있다.

그렇지만 프래그머티스트의 입장에서는 어떤 지식도 영원하거나 최종적인 지식이라고 말할 수 없다. 왜냐하면 현재 우리가 겪고 있는 곤란한 문제를 해결하는 지식이라고 해서 그것이 앞으로도 계속해서 문제를 해결해주리라고 믿을 수는 없기 때문이다. 더 나은 해결책이 나올 수도 있고, 어떤 지식이 문제를 해결했다고 믿었지만 사실은 예상하지 못한 다른 문제를 낳는 경우도 있기 때문이다. 그래서 프래그머티스트들은 영원불변한 진리는 없다고 생각한다. 참된 지식으로서의 진리란 언제나 잠정적일 수밖에 없다.

다윈이 없었다면?

참된 지식이 현실적인 문제를 해결해주는 지식이며, 그것도 언젠가는 다른 지식에 의해서 대체될 수 있다고 생각하는 프래그머티스트들의 생각은 세계를 바라보는 그들의 독특한 관점에서 비롯된 것이라고 할 수 있다.

프래그머티스트들의 세계관에 큰 영향을 준 찰스 다윈

옛 철학자들은 우리가 사는 세계가 어떤 고정된 법칙에 의해서 움직인다고 생각하거나, 전지전능한 신의 섭리에 따라서 존재한다고 믿었다. 그래서 우리가 보기에는 우연한 일로 보이는 것들도 그 배후에는 어떤 필연적인 원인이 있다고 생각했다. 그리고 인간이라는 존재는 그런 필연적인 원인을 알아낼 수 있는 유일한 존재라고 믿었다. 인간이 그런 일을 할 수 있는 이유는 인간은 신에 의해 특별히 창조된 존재이기 때문이다. 옛 철학자들은 인간은 다른 동물이 가지고 있지 않은 이성이라고 하는 생각할 수 있는 능력을 신으로부터 부여받았다고 보았던 것이다.

동물들은 자연의 변화를 예측하거나 자연환경을 바꿀 수 없다. 그래서 자연환경이 급격하게 변하면 어떤 동물들은 멸종해 버리기도 한다. 하지만 인간은 자연법칙을 알아내서 자연의 변화를 미리 예측하고, 자연환경에 스스로를 적응시키는 것이 아니라 인간의 편의대로 자연환경을 바꾼다. 또 자신이 알아낸 자연에 대한 지식을 언어를 통해 후세에 전달한다. 인간은 다른 동물에게서는 볼 수 없는 복잡한 사회를 만들었다. 이런 인간의 모습을 보고 옛 철학자들은 인간은 다른 동물들과는 본질적으로 다른 존재라고 생각하게 되었다.

프래그머티스트들은 이런 옛 철학자들의 생각과는 전혀 다른 곤점을 가지고 있다. 그들은 이 세상이 어떤 필연적인 원인들에 의해서만 움직인다거나 인간이 동물들과는 차원이 다른 존재라고 생각하지 않는다. 프래그머티스트들이 생각하는 세계는 우연한 일들이 끊임없이 일어나는 세계이며, 인간도 기본적으로 다른 동물들과 다를 바가 없는 자연의 일부로서, 인간의 경험도 자연에 포함되는 것이다. 이 세계는 항상 변화하고 있으며 인간 사회도 마찬가지다. 이 세계는 인간의 활동에 따라 진보할 수 있고 인간 자신도 노력을 통해 스스로를 개선할 수 있다. 세계에 대한 이런 관점을 자연주의라고 한다.

프래그머티스트들의 자연주의적인 세계관에 가장 영향을 끼친 인물은 찰스 다윈^{Charles R. Darwin, 1809~1882}이다. 다윈의 진화론은 자연 안에 절대로 변하지 않는 것이 있다는 기존의 주장을 부정했다. 중생대의 공룡은 오랜 기간 지구를 지배했지만 지금은 화석으로나 그 흔적을 찾아볼 수 있을 뿐이다. 그러나 어떤 종은 여전히 살아남아 지금도 존재하고 있다. 중요한 것은 어떤 종이 멸종하고 어떤 종이 살아남게 될지 아무도 알 수 없다는 것이다. 그만큼 우리는 불확실한 우연성이 지배하는 세계에 살고 있다.

이런 세계에 살고 있다는 자각은 인간에게 정말로 중요한 것이 무엇인지를 다시 생각하게 만든다. 우리가 변하지 않는 법칙이나 신의 섭리에 의해 지배를 받는 세계에 산다면 우리는 영원불변의 법칙이나 신의 섭리를 탐구하는 일에 열중해야 할 것이다. 영원불변의 진리를 알아냄으로써 우리가 누구인지 알 수 있고 우리 삶의 의미를 발견할 수 있을 것이기 때문이다. 그러나 우리가 끊임없이 변화하고 있고 우연성이 지배하는 세계에 살고 있다면, 우리에게 중요한 것은 변화하는 환경에 적응해서 살아남는 일일 것이다. 그래서 제임스 같은 프래그머티스트는 인간의 창조성과 적응의 문제에 주목했다. 생물 종과 마찬가지로 인간도 환경의 변화에 잘 적응하려면 창조성을 발휘해야 한다는 것이다.

이런 관점에서 인간의 지식은 순수한 진리를 탐구하는 것이라기보다는 세계에 적응하기 위한 수단으로서 의미를 갖게 된다. 어떤 지식이 순수한 사실에 관한 지식이냐 아니면 선과 악의 문제와 관련된 가치판단에 관한 것이냐 하는 것의 구분은 별로 의미가 없게 된다. 어떤 지식이든 인간으로 하여금 환경에 적응하게 해서 잘살 수 있도록 해주는 지식이면 곧 옳은 지식이고 참된 지식이라고 인정할 수 있기 때문이다.

프래그머티스트들은 다윈의 진화론에 영향을 받아 인간을 자연의 일부로, 자연에 적응해서 살아갈 수밖에 없는 생물 종의 하나로 바라본다. 이것은 인간이 정신적인 실체라든가, 영혼을 가진 존재라든가 하는 식의 인간관을 부정한다는 뜻이다. 바로 이런 이유에서 제임스와 듀이는 생리학과 생리학적 심리학에 관심을 가지고 인간을 유기체로서 다루고 있다. 프래그머티스트들은 인간의 정신적인 본성을 중요한 탐구 과제로 여기는 것이 아니라 인간의 충동이나 습관을 더 중요한 인간적인 요소로 여긴다. 왜냐하면 인간이 환경에 적응해서 살아가려면 실천을 통해 무엇을 변화시킬 수 있는지, 무엇을 변화시킬 수 없는지 잘 알고 있어야 하기 때문이다.

아마도 다윈이 없었다면 프래그머티즘도 없었을 것이다.

프래그머티즘의 계보

지금까지 우리가 살펴본 프래그머티즘의 특징을 간단히 정리해보자. 우선 프래그머티즘의 관점에서 이 세계는 끊임없이 변화하는 우연적인 세계다. 그리고 인간은 다른 자연의 생물 종과 마찬가지로 변화하는 환경에 적응하기 위해 노력하는 유기체일 뿐, 영혼을 가진 정신적인 존재가 아니다. 우리의 지식은 그 세계에 적응해서 살아남는 데 필요한 일종의 생존 수단이며, 옛 철학자들이 주장하듯 영원하며 변하지 않는 진리란 존재하지 않는다.

이렇게 정리하고 보니 프래그머티즘은 마치 상대주의를 주장하는 것처럼 여겨진다. 상대주의란 절대적으로 옳은 것은 없다는 입장이다. 상대주의의 입장에서는 모든 이론이 옳거나 틀릴 수 있다고 주장하게 된다. 그런데 상대주의 입장을 가진 사람과는 함께 얘기하기가 힘들다. 상대주의자는 자신과 전혀 다른 주장을 하는 사람에 대해서도 왜 상대방이 틀렸는지 입증하려 하기보다는 논의 자체를 피하려고 할 것이기 때문이다.

그보다 더 중요한 상대주의의 문제는 상대주의적인 입장을 사실상 유지하기가 힘들다는 데 있다. 예를 들어 모든 입장은 상대적이라는 상대주의의 주장은 언제나 옳다고 할 수 있을까? 그 주장이 언제나 옳다면 상대주의자는 자신의 주장이 상대적이지 않다고 주장하는 셈이 된다. 그리고 만약 상대주의의 입장도 틀

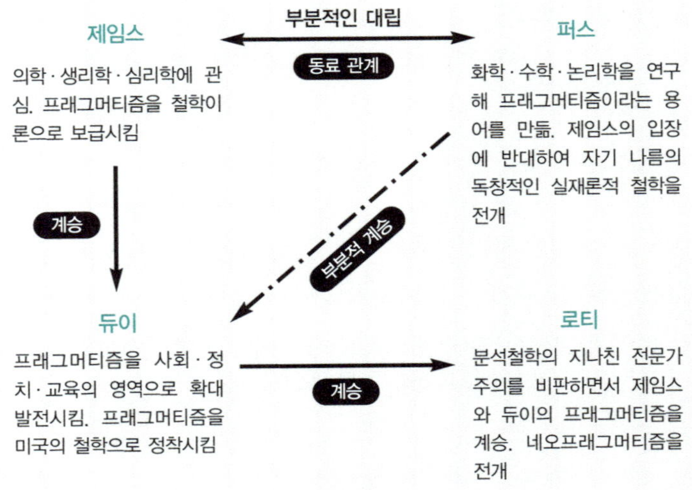

릴 수 있는 것이라면, 모든 입장이 상대적인 것은 아니라는 주장을 하게 되는 셈이다. 이것을 상대주의의 역설이라고 한다.

프래그머티스트들은 모든 지식이 문제 해결을 위한 잠정적인 지식이라는 것은 인정하지만 그렇다고 해서 상대주의적인 주장을 하는 것은 아니다. 그들은 분명히 문제 해결 과정에서 모든 사람들이 인정할 수 있는 참된 지식에 도달할 수 있다고 믿었다. 특히 퍼스는 우주가 우연으로 가득 차 있기는 하지만 우주의 본모습을 탐구할 수 있다고 믿었다. 있는 그대로의 자연 세계 모습을 철학자들은 '실재'라고 한다. 우리 지식이 실재의 모습을 설명하고 있다고 믿는 철학자들을 실재론자라고 하는데, 퍼스는 그런 의미에서 실재론자였다. 반면에 제임스와 듀이는 그보다는 실재론적인 입장이 훨씬 약하다고 할 수 있고, 로티에 이르면 우리의 지식이 세계를 있는 그대로 묘사하고 있는 것이라는 생각이 근거 없는 주장이라는 데까지 나아가게 된다. 이런 문제를 중심으로 이들 프래그머티스트들의 입장의 차이를 구분해볼 수 있고, 서로 간의 계승 관계를 따져볼 수 있을 것이다. 이들이 가지고 있는 관심사와 철학적인 관점을 서로 비교해보면 대략 왼쪽 도표와 같은 그림을 얻을 수 있다.

제임스, 인간적인 프래그머티즘

아버지의 열린 교육

윌리엄 제임스는 신경 질환 등의 질병으로 고생한 것만 빼면 남부러울 것 없이 일생을 보낸 철학자였다. 그는 유복한 집안에서 태어나 좋은 가정교육을 받았으며 성격도 모나지 않아서 그를 따르고 좋아하는 사람들이 많았다.

제임스의 성격 형성에 많은 영향을 준 사람은 바로 아버지 헨리 제임스 시니어 Henry James Sr. 였다. 제임스의 할아버지가 많은 재산을 남겨주었기 때문에 헨리는 특별한 직업을 갖지 않았다. 어려서 한쪽 다리를 다쳐서 걸음을 제대로 걸을 수 없었던 그는 젊었을 때 프린스턴 신학교에 입학한 적이 있지만 성직자가 되는 것을 중도에 포기하고, 집에서 종교적이고 학구적인 생활을 하며 아이들의 교육에 전념했다(그는 다섯 명의 자녀를 두었는데, 그 중에서 윌리엄 제임스의 동생인 헨리 제임스 주니어는 미국의 유명한 소설가가 된다).

제임스의 아버지는 집안의 분위기를 항상 화목하고 자유롭게 이끌어갔으며 언제나 아이들과 토론하는 것을 즐겼다. 때문에 아버지가 토론거리를 제시하면 제임스의 형제자매들은 논쟁을 벌였으며, 이런 과정을 통해 자연스럽게 지적인 능력을 키워갔다.

그러나 제임스가 받은 정규교육은 매우 불안정한 것이었다. 제임스는 미국과 유럽을 오가며 뉴욕, 파리, 볼로냐, 로드아일랜드, 제네바, 본 등에 있는 학교를 옮겨 다녔다. 처음에는 화가가 되려고 했지만 화학을 공부하기 위해 화가가 되는 것을 포기했다. 그렇지만 그는 다시 생물학으로 전공을 바꾸었고 나중에는 의학을 공부하게 되었다. 1869년 케임브리지 대학에서 의학 박사 학위를 받았고, 1872년에는 하버드 대학의 생리학 강사로 임명돼 1907년에 퇴임할 때까지 하버드 대학의 교수로 활동하게 된다. 그런데 제임스의 생리심리학 강의는 1877년부터 하버드 대학의 철학과 강의가 된다. 과학자로 시작해서 철학자가 된 셈이다. 초기에 받은 여러 과학적인 훈련이 그의 철학적인 입장에 큰 영향을 주었다고 할 수 있다.

1878년 앨리스 기븐스^{Alice Gibbens}와 결혼한 제임스는 1890년에 그를 세계적으로 주목받는 학자로 만든 《심리학의 원리^{The Principles of}

인본주의적 프래그머티즘을 주장한 제임스

Psychology》를 출간한다. 그는 강의를 잘해서 많은 강연에 초대되었는데, 그의 책《종교적 경험의 다양성 The Varieties of Religious Experience》(1902)은 유명한 기퍼드강의˙를 묶은 것이며, 《프래그머티즘 Pragmatism: A New Name for Some Old Ways of Thinking》(1907)은 1907년 로웰 연구소의 강의를 책으로 낸 것이다. 생전에 많은 철학자들의 열광적인 반응을 얻으며 학자로서 영예를 누린 제임스는 1910년 뉴햄프셔 주에 있는 자신의 집에서 생을 마쳤다.

제임스가 퍼스를 만난 것은 그가 여러 학교를 전전하던 시절이었는데, 1861년 로렌스 과학학교에 입학했을 때 처음 만나게 된다. 이후로 두 사람의 우정은 죽을 때까지 지속된다.

제임스는 처지가 어려웠던 퍼스를 일생에 걸쳐 돕고 용기를 주려고 애쓴 것으로 알려져 있다. 그런 태도는 제임스의 친절하고 온화한 성격에서 비롯되었다. 아버지한테 다른 사람과 토론하는 훈련을 받으면서 성장한 제임스에게는 큰 학자가 된 후에도 자신과 성격이 전혀 다른 사람과도 마음을 터놓고 대화할 수 있는 재능이 있었다. 제임스가 언제나 행위나 결과를 강조하고 이 세상에는 아무것도 미리 결정되어 있지 않다고 주장한 것은 이러한 그의 열린 태도와 무관하지 않다.

스코틀랜드 출신의 애덤 기퍼드(Adam Gifford, 1820~1887)가 영국의 에든버러, 글래스고, 세인트엔드루스, 애버딘 대학에 기부한 유산으로 설립된 강연으로, 1888년 시작된 이래 해나 아렌트, 닐스 보어, 윌리엄 제임스, 알베르트 슈바이처, 앨프리드 노스 화이트헤드 등이 이 강연의 연사로 초빙되었다.

월리엄 제임스에게 세계적 학자의 명성을 안겨준 《심리학 원리》

현금가치를 가진 지식

제임스의 프래그머티즘에서 가장 특징적인 면은 그가 무엇보다도 인간적인 측면을 강조했다는 것이다. 제임스는 철학의 모든 문제를 인간을 중심으로 풀려고 했다. 물론 이것은 인간을 이성이라는 본질을 가진 존재로 간주하고 인간이 이성 능력을 통해 자연의 지배자가 될 수 있다고 생각한 근대의 계몽주의적 인간중심주의와는 다른 관점이다. 그런 인간중심주의는 자연이 불변의 법칙을 통해 움직이며 인간만이 이성을 통해 그것을 알 수 있기 때문에 인간이 자연 세계의 주인이 되는 것이 당연하다고 생각한다. 그렇지만 제임스가 생각한 인간 중심의 철학은 그런 생각과는 다르다.

　제임스는 과학적 지식을 통해서 우리가 알고 있는 것이 자연의 전부라고 생각하지도 않았고, 인간이 자연 속에서 지배자라고 자처할 만큼 특별한 존재라고 생각하지도 않았다. 제임스가 관심을 가진 것은 인간의 자유로운 의지에 바탕을 둔 행위가 세계의 변화에 영향을 미치기 때문에, 어떻게 행동하고 생각하는 것이 우리 자신과 세계를 더 나은 방향으로 개선하는 데 적합한지를 생각해야 한다는 것이었다.

　우리의 지식은 우리의 삶을 향상시키는 것이어야 한다. 아무리 훌륭해 보이는 지식이라도 그것이 실제로 우리 생활에 어떤 식으로든 도움을 주지 못한다면 무의미한 것이다. 옛날에 어떤 철학자는 바늘 끝 위에 천사들이 몇 명 올라가서 춤을 출 수 있는지를 연구했다고 한다. 그런 연구에 평생 매달려봐야 우리에게 도움이 되는 지식을 얻을 수는 없다. 요즘도 에너지를 사용하지 않고 영원히 작동시킬 수 있는 영구기관 같은 것을 연구한다고 떠드는 사람들이 간혹 있다. 이런 사람들의 연구는 처음부터 실용화될 가능성이 없기 때문에 쓸데없는 연구라고 할 수 있다. 또 예를 들어 어떤 과학자가 사람들의 귓불에 대해 평생 연구했다고 해보자. 이 과학자는 사람들의 귓불을 자로 재고, 형태를 그림으로 그리고, 귓불이 있는 사람과 없는 사람을 분류하는 일을 했다. 이 과학자는 귓불에 관한 한 누구보다도 많은 자료를 가지고 있는 전문가라고 할 수 있을 것이다. 그러나 이 과학자의 연구가 의미가 있으려면 귓불에 대한 자료만으로는 부족하다. 이 과학자는 귓불에 관한 연구 자료를 가지고 사람들이 궁금해하는 어떤 문제에 대한 해답을 제시할 수 있어야 한다. 이를 테면 귓불이 있는 사람과 없는 사람 중에서 누가 더 오래 산다거나, 어떤 질병에 걸릴 확률이 높다거나, 어느 쪽이 더 성격이 명랑하다거나 하는 식의 이야기를 할 수 있어야 한다. 그렇지 않고 귓불에 대해서만 말한다면 아무도 그의 지식이 도움이 된다고 생각하지 않을 것이다.

제임스는 어떤 아이디어든 현금가치^{cash value}를 갖지 않으면 쓸모없는 것이라고 보았다. 현금가치란 우리가 실생활에서 사용할 수 있는 가치를 말한다. 현금을 가지고 있으면 언제 어디서나 하고 싶은 것을 할 수 있다. 현금을 가지고 우리는 물건을 살 수도 있고 영화를 볼 수도 있으며 식사를 할 수도 있다. 현금가치를 갖는다는 말은 꼭 돈처럼 그 자리에서 사용할 수 있는 것이어야 한다는 의미는 아니다. 돈뿐만 아니라 신용카드나 수표 같은 것도 현금가치를 갖는다. 신용카드는 플라스틱 조각에 불과하고, 수표는 그저 종이에 액수가 적혀 있을 뿐인데 그런 것들이 어떻게 현금하고 똑같이 사용될 수 있을까? 장사를 하는 사람의 입장에서는 신용카드의 전표나 수표는 그것 자체가 돈은 아니지만 나중에 은행에서 돈으로 바꿀 수 있다. 그래서 현금을 지불하는 사람과 신용카드나 수표를 내는 사람을 달리 취급할 필요가 없다.

그런데 따지고 보면 돈이라고 하는 것도 그것 자체가 금이나 은처럼 가치를 갖는 것은 아니다. 돈에 만 원이라고 찍혀 있다고 해서 그 종잇조각이 만 원어치에 해당하는 금 조각과 같은 가치를 갖지는 않는다. 그렇지만 만 원이라고 찍혀 있는 종잇조각은 만 원에 해당하는 가치로서 현실적으로 잘 통용된다. 만 원이라고 찍힌 그 종잇조각을 가지고 밥을 사 먹을 수도 있고, 영화를

볼 수도 있으며, 친구와 어울려 아이스크림을 사 먹을 수도 있
다. 돈이 가지고 있는 현금가치는 그 종잇조각을 만드는 데 실제
로 얼마가 들어갔느냐 하는 것과는 전혀 무관하다. 사람들이 그
것을 만 원만큼의 가치가 있는 것으로 여기고 있고, 그 종잇조각
을 통해서 서로가 가치를 주고받는다는 사실이 더 중요하다.

제임스는 어떤 개념이나 아이디어도 마찬가지로 실생활에서 어떤 식으로 유용하게 사용될 수 있는지를 입증하지 않으면 쓸모가 없는 것이라고 생각했다. 돈이 가지고 있는 현금가치가 돈을 만드는 데 들어간 값어치와 상관없듯이, 어떤 지식이 우리에게 의미가 있는 지식이냐 아니냐 하는 것은 그 지식이 객관적인 세계의 진리를 말해주느냐 그렇지 않느냐 하는 것과는 무관하다. 즉 현금가치란 우리로 하여금 우리가 하고자 하는 것을 할 수 있게 해주는 가치다.

실제로 돈이 얼마의 가치가 있느냐를 따지는 것은 무의미하다. 우리가 제3세계 국가의 화폐를 아무리 많이 가지고 있다고 한들 식당 주인이나 백화점 직원이 그 돈을 받고 밥을 주거나 물건을 주지는 않을 것이다. 그럴 경우 그 돈은 현금가치가 없는 돈이다. 지식의 경우도 마찬가지다. 학자들끼리 훌륭한 연구를 했다고 서로 자화자찬한들 그 연구가 우리의 삶과 관련 없으면 그런 연구는 현금가치가 없는 연구다.

제임스는 돈이 가지고 있는 현금가치가 우리가 그것을 가지고 물건을 사거나 음식을 사 먹음으로써 드러나듯이, 지식의 현금가치도 그 지식을 가지고 우리가 원하는 것을 얻게 될 때 드러난다고 보았다. 지식은 우리가 가지고 있는 삶의 문제를 해결해주거나, 우리의 생활을 좀 더 편리하게 해주거나, 궁금하게 여겨왔던 것에 대해 답을 줌으로써 우리가 실제로 살아가는 데 도움을 주어야 한다. 그런 지식을 '현금가치를 가진 지식'이라고 할 수 있다.

그런데 지식이 현금가치를 가지고 있느냐 그렇지 않으냐의 문제가 그것이 무엇에 관한 지식이냐 하는 것과 반드시 관련이 있

는 것은 아니다. 어떤 사람들은 돈을 버는 일과 무관한 문학이나 철학, 신학 같은 학문은 쓸데없는 학문이라고 생각한다. 대학에 갈 때도 많은 학부형들이 자녀가 문학이나 철학을 전공하면 취직이 어려워 살기 힘들다고 생각하기 때문에 취직이 잘되는 인기학과에 갔으면 하고 바란다. 그래서 대학에서는 학생들을 많이 유치하기 위해 실용적인 학과의 정원은 늘리고 순수학문을 연구하는 학과는 없애거나 정원을 줄이려고 한다.

문학이나 철학 같은 순수학문은 제임스가 말하는 현금가치를 갖지 않는다고 할 수 있을까? 제임스는 그런 생각에 동의하지 않을 것이다. 인생에서 소설이나 시와 같은 문학작품이 불필요한 것이라고 생각하거나, 철학적인 사색을 할 필요가 없다고 생각하는 사람들은 그런 학문들이 가르쳐주는 삶에 대한 깊이 있는 통찰을 모르고 살아가는 사람들이다. 아무리 물질적으로 풍요로운 삶을 살더라도 자신의 인생이 어떤 의미가 있는지 때때로 묻지 않는다면 사람다운 삶을 살고 있다고 할 수 없을 것이다. 문학이나 철학은 사람들의 내면적인 물음에 대해 답을 제시함으로써 사람들로 하여금 보람 있는 인생을 살게 하는 중요한 역할을 하고 있다.

어떤 학문이 현금가치를 갖는 학문이냐 하는 물음은 제임스가 활동했던 시대에도 제기되었다. 과학기술이 급속하게 발달하면서 전통적인 종교적 신앙은 모두 쓸데없는 것이라고 여기는 사람들이 생겨난 것이다. 그러나 과학적인 지식만이 현금가치가 있고, 신학적인 지식은 모두 쓸데없는 것이라는 생각은 문학이나 철학이 현금가치가 없다고 보는 것만큼이나 잘못된 생각이다. 물론 신학이 바늘 끝에서 춤출 수 있는 천사의 수를 가지고 고민한다면 그것은 현금가치가 없는 학문이라고 할 수 있을 것이다. 그렇지만 종교적 신앙은 사람들의 삶의 태도와 관련해서 중요한 역할을 한다는 점에서 커다란 현금가치를 가지고 있다고 보아야 할 것이다. 종교적 신앙을 통해서 어떤 사람들은 절망을 극복하기도 하고, 어떤 사람들은 불쌍한 사람들을 도우면서 삶의 기쁨을 얻기도 한다. 그런 실제적이고 실천적인 결과를 가지고 있다는 점에서 종교적 신앙과 신학적 지식은 쓸데없는 것이 아니다. 그런 의미에서 제임스는 어떤 개념이 과학적이라고 해서 옳고, 종교적이라고 해서 틀렸다고 말할 수는 없으며 더 중요한 문제는 그 개념이 우리에게 어떤 현금가치를 갖느냐 하는 것이라고 말한다.

제임스의 프래그머티즘에서 드러나는 또 다른 특징은 그가 언제나 변화, 생성, 과정을 강조했다는 점이다. 제임스는 이 우주가 정해진 법칙에 따라서 일정하게 움직이는 것이 아니라 끊임없이 변화하고 있으며, 매우 다양한 모습을 가지고 있다고 생각했다. 그래서 우리가 아무리 과학적으로 우주의 본모습을 알려고 해도 제대로 알 수가 없는 것이다. 우주가 다양하게 변하는 과정에는 우리 자신의 행위에 의한 결과들도 포함되기 때문에 우리도 우주가 변하는 데 참여하고 있는 셈이다. 이것은 거꾸로 보면 우리도 자연의 일부이기 때문에 우리 자신의 경험도 끊임없이 변하고 있다는 것을 뜻한다. 그래서 제임스는 사고나 의식을 늘 새롭게 변하고 있는 하나의 흐름이라고 보았다.

제임스는 프래그머티즘을 과학과 종교를 통합하는 방식이라

고 보았다. 그는 종교적인 경험도 다른 경험과 마찬가지로 인간의 중요한 경험으로서 인정해야 한다고 생각했다. 제임스가 '다원적인 우주pluralistic universe'가 존재한다고 한 것은 이런 생각에서 비롯된다. 우리의 경험은 매우 다양하며, 그 다양한 경험들만큼이나 다양한 우주 속에서 살고 있는 것이다. 과학적으로 입증된 세계만이 옳다거나 종교적으로 해석한 세계의 모습이 참된 세계라는 것은 제임스의 관점에서 보면 전체를 보지 못한 편협한 생각이다.

진리는 만족할 만한 결과에 있다

우리는 지금 프래그머티즘이라고 이름이 붙은 지식인마을에 들어와 있다. 이 마을의 구성원이 제임스, 퍼스, 듀이, 로티 등이라는 것은 앞에서 이미 말했지만 누가 이 마을의 촌장인지는 아직 명확하게 이야기하지 않았다. 사실 그 문제는 분명히 말하기가 좀 곤란하다. 프래그머티즘이라는 마을 이름을 지은 것은 퍼스이지만, 이 마을을 널리 알린 것은 제임스이기 때문이다. 제임스가 아니었다면 아마도 프래그머티즘이라는 용어가 사람들에게 전혀 알려지지 않았을지도 모른다. 제임스는 성격이 다정다감한 편이었지만 퍼스는 그렇지 못해서 자기가 만든 프래그머티즘이라는 용어가 나중에 마음에 들지 않아 새로 '프래그머티시즘pragmaticism'이라는 용어를 만들어 붙이기도 했다. 퍼스는 마을을 만들어놓고 사실은 따로 나가서 살려고 한 것이나 마찬가지기 때문에 아무래도 제임스를 촌장으로 삼아야 할 것 같다.

제임스의 생각을 자세히 살펴보기 전에 우리는 먼저 마을 이름을 둘러싼 퍼스와 제임스의 갈등을 좀 정리하고 갈 필요가 있다. 퍼스는 제임스가 프래그머티즘을 알리고 다니는 것을 보면서 무엇이 마음에 들지 않았을까? 이 문제는 퍼스가 처음에 프래그머티즘이라는 말을 만들게 된 논문의 구절과 나중에 제임스가 자기 나름대로 해석한 구절을 비교해보면 알 수 있다. 먼저 퍼스가 프래그머티즘이라는 말을 어떤 의미로 썼는지 다음 구절을 한번 살펴보자.

> 실제적인 함의를 갖는 효과를 고려해보라. 그러면 우리가 가지고 있는 개념의 대상을 이해하게 된다. 이런 효과에 대한 우리의 개념은 대상에 대한 우리 개념의 전체다.
>
> 찰스 샌더스 퍼스, 《퍼스의 철학 논문집》 〈관념을 명석하게 하는 방법〉

이 구절은 '프래그머티즘의 격률$^{pragmatic\ maxim}$'이라고 불리는 유명한 구절이다. 함의, 개념, 대상 등과 같은 어려운 단어가 나오기 때문에 이 구절은 금방 이해되지 않을 것이다. 그러나 이 구절을 통해 퍼스가 말하고자 하는 것은 그리 어렵지 않다. 퍼스는 우리가 어떤 단어를 사용해서 말을 할 때 그 말의 의미를 어떻게 이해해야 하는지 말하고 있다. 예를 들어서 우리가 무엇을 보고 '단단하다'고 말할 때 단단하다는 것은 무엇을 의미하는 것일까?

　누구나 정답이 다이아몬드라고 생각할 것이다. 그런데 다이아몬드가 정답이라고 할 수 있는 근거는 무엇일까? 강철이나 유리가 다이아몬드보다 단단하다고 우기는 사람들을 위해 우리가 할 수 있는 일은 다이아몬드를 다른 것들과 부딪쳐보거나 긁어서 흠집을 내보는 것이다. 그렇게 했을 때 다이아몬드에는 아무런 상처도 나지 않는 것을 보고 우리는 다이아몬드가 더 단단하다고 말하는 것이다. 이처럼 우리가 실제로 무엇을 경험해서 그것에 대한 감각적인 효과를 알았을 때, 그 대상에 대한 개념을 갖게 된다는 것이 바로 프래그머티즘의 격률이라고 할 수 있다.

　퍼스의 이러한 프래그머티즘의 격률은 결국 우리가 사용하는 말의 의미가 어떻게 정해지는지를 설명하려는 것이라고 볼 수 있다. 퍼스는 우리가 어떤 말의 뜻을 알아가는 과정이 과학적 탐구 과정과 같은 것이라고 보았다. 퍼스에게 과학적 탐구는 의심을 신념으로 바꾸는 과정을 뜻한다. 강철, 유리, 다이아몬드 중에서 무엇이 가장 단단한지 모르는 상황에서는 우리는 정말로 다이아몬드가 가장 단단한지 의심을 품을 수도 있다. 과학적 탐구는 이런 의심을 해소하기 위한 과정이다. 그래서 우리는 다이아몬드와 다른 것을 긁어보는 실험을 하게 되고 그 결과 의심을 해소하게 된다. 이렇게 의심이 해소된 상태에서 우리가 얻는 것은 바로 하나의 신념이다. 우리는 직접 실험을 거쳐서 결과를 경험했기 때문에 만족할 만한 신념을 얻게 된다.

그런데 퍼스가 중요하게 생각하는 것은 개별적인 차원에서 신념이 확정되는 방식이 아니라 공동체 내에서 어떻게 신념이 객관적으로 확정되는가 하는 점이었다. 친구들한테 다이아몬드, 강철, 유리 가운데 어떤 것이 가장 단단한지 퀴즈를 내놓고 혼자서 몰래 긁어본 다음에 다이아몬드가 제일 단단하다고 말해봐야 다른 친구들은 그 말을 받아들이지 않을 것이다. 준호가 긁어보았을 때나 진영이가 긁어보았을 때나 똑같은 결과가 나올 때 우리는 다이아몬드가 제일 단단하다는 신념을 가질 수 있다. 과학적인 탐구는 이처럼 누가 실험을 하든 똑같은 결과를 내놓을 때 비로소 의미를 갖는다.

여기에서 주목해야 할 것은 어떤 실험을 했을 때 우리는 어떻게 해서 똑같은 결과를 얻을 수 있을까 하는 점이다. 실험 방법이 같아서일까? 아니면 실험하는 사람이 같은 결과를 기대하고 실험을 해서 그런 것일까? 퍼스의 대답은 실재하는 대상이 우리의 감각기관에 영향을 미치기 때문이라는 것이다. 다시 말해 퍼스는 참된 신념은 과학적인 탐구에 참여하는 모든 사람이 결국에는 모두 합의할 수밖에 없는 신념이며 그 신념은 실재하는 대상을 나타내는 것이라고 생각했다.

퍼스는 프래그머티즘의 격률을 통해서 말의 의미를 어떻게 설명할 수 있는지 밝히려 했고, 그것이 참된 신념에 이르는 과학적 탐구 과정과 같은 것이라고 보았다. 그러나 퍼스는 우리가 감각적 효과를 통해서 대상의 의미를 말할 수는 있지만 그것이 대상 자체의 의미, 곧 진리라고 보지는 않은 것 같다. 우리는 대상에 대해 다양한 감각적 효과를 가질 수 있지만 그중에는 우리의 주관적인 생각도 들어 있을 것이다. 퍼스가 생각하는 진리는 그런 생각들을 없애고 모든 사람이 합의할 수 있는 내용만 남을 때까지 과학적 탐구를 지속했을 때 얻을 수 있다. 그래서 그의 프래그머티즘의 격률은 진리의 문제를 다루는 방법으로서는 적합하지 않고 다만 그때그때 개념적 대상의 의미를 설명할 수 있는 방법이라고 할 수 있다.

제임스는 이러한 퍼스의 생각을 철학자들의 일반적인 주제인 '진리'의 문제로 확장시키려 했다. 이번에는 퍼스의 프래그머티즘의 격률을 진리의 문제와 연결시키고 있는 제임스의 생각을 살펴보자.

> (그 자체가 우리 경험의 일부분일 수밖에 없는) 관념은 우리로 하여금 우리 경험의 다른 부분과 만족할 만한 관계를 맺을 수 있도록 돕는 한에서만 참이 된다.
>
> 윌리엄 제임스, 《프래그머티즘》

이 말도 좀 딱딱하게 서술되었기 때문에 쉽게 이해하기는 힘들다. 제임스가 이 구절을 통해 말하고자 하는 것은 이렇다. 우리가 어떤 관념을 가지게 되면 그 관념이 우리로 하여금 현실적으로 기대한 결과를 가져다주는 경험을 하게 만들 때만이 그 관념은 참이라고 할 수 있다는 것이다. 예를 들어 우리는 다이아몬드가 단단하다는 관념을 가지고 있다. 그런 관념을 가지고 유리를 자르기 위해 다이아몬드 칼을 유리에 대고 그었을 때 유리가 생각대로 잘라진다면, 우리는 다이아몬드에 대한 참된 관념을 가지고 있다고 말할 수 있다는 것이다.

제임스는 이런 생각을 우리가 참이라고 믿는 모든 관념에 대해 확대해서 적용하려고 했다. 어떤 관념이든 우리에게 만족할 만한 결과를 가져다준다면 그것은 참이라고 할 수 있다는 것이다. 여기서 제임스는 '참인 관념'과 '만족할 만한 결과' 사이에서 마치 닭이 먼저냐 달걀이 먼저냐 하는 문제와 비슷한 애매한 태도를 보여준다. 앞에서 살펴본 제임스의 말은 어떤 관념이 참이기 때문에 우리에게 어떤 만족할 만한 결과를 가져다주는 것으로 해석할 수도 있지만, 거꾸로 우리에게 어떤 만족할 만한 결과를 가져다주었기 때문에 그 관념이 참이라고 말한다고 볼 수도 있다.

퍼스가 진리를 이상적이며 절대적인 것으로 생각했던 반면, 제임스는 우리의 경험들 속에서 진리의 문제를 생각하고 있다. 제임스에게 있어서 중요한 것은 참된 신념이 우리에게 얼마나 만족스러운 결과를 가져다주는가 하는 점이다. 제임스가 말하는 '만족'이라는 말은 좁은 의미에서 보면 신념이 경험에 의해 확증되어 만족스러움을 느낀다는 뜻으로 생각할 수도 있다. 하지만 어떤 신념을 가진 사람이 그런 신념을 가지고 있다는 사실 때문에 만족스러운 결과를 이끌어낼 수 있다는 의미로도 생각할 수 있다.

이런 제임스의 태도는 확고한 실재론적인 입장을 가졌던 퍼스의 생각과는 맞지 않았다. 퍼스가 제임스의 프래그머티즘을 좋아하지 않았던 이유는 자신이 처음에 내세운 프래그머티즘의 격

률을 제임스가 자신의 생각과는 좀 다른 방향에서 확대해서 적용하려 했기 때문인 것으로 보인다. 제임스는 심지어 신과 같은 절대적인 진리에 대한 관념이 삶에 위안을 가져다준다면, 설사 그것이 사실의 문제와 멀리 떨어져 있다고 하더라도 가치를 갖는 것으로 받아들여야 한다고 생각한다. 프래그머티즘의 격률을 과학적 탐구의 방법론으로 생각했던 퍼스는 이런 태도가 분명히 마음에 들지 않았을 것이다.

종교와 과학의 갈등을 넘어

좋게 말하면, 제임스는 퍼스의 프래그머티즘의 기본적인 아이디어를 유연하고 폭넓게 적용하려 했다고 할 수 있다. 제임스에게 가장 중요한 철학적 문제는 고전적인 철학 문제에 대한 답을 제시하는 것이 아니라 당시에 다양하게 대립하던 관점들을 서로 화해시키고 하나로 통합하는 일이었다. 무엇보다도 종교와 과학의 갈등은 반드시 해결되어야 할 시대적 문제이기도 했다.

종교와 과학의 갈등은 제임스가 살았던 시대의 문제만은 아니다. 종교와 과학이 갈등을 일으킨다고 할 때, 과학이 뜻하는 것은 주로 다윈의 진화론적인 관점이다. 진화론의 등장은 신이 이 세계를 창조했으며, 인간으로 하여금 이 세계의 지배자로서 살아가도록 했다는 생각을 크게 흔들어놓았다. 그래서 진화론이 처음 발표되었을 때, 사람들은 인간을 원숭이의 위치로 끌어내렸다고 해서 그 이론을 받아들이기를 거부했다. 그렇지만 오늘날에는 대부분의 학교에서 진화론을 가르친다. 진화론은 부정하기 힘든 과학적 이론으로서 인정받게 되었다고 할 수 있다.

그러나 상황이 이렇게 되었다고 해서 모든 문제가 해결되었다고 할 수는 없다. 현대인 중에서도 분명히 학교에서는 진화론에 대해서 열심히 공부하다가 일요일에는 교회에 나가서 하느님이 인간을 창조하신 것에 대해 감사하게 생각하는 사람이 있을 것이다. 이런 사람들은 막연하게나마 종교와 과학의 갈등을 품에 안고 살아가고 있는 셈이다.

제임스의 입장을 계승한 로티는 자신의 글에서 이런 갈등을 겪는 구체적인 사례를 제시한 적이 있다. 다음은 로티가 1996년 스페인 기로나 대학에서 있었던 한 강연 10th Girona Lecture에서 발표한 원고 〈종교와 과학 사이에 갈등이 존재하는가? Is There a Conflict Between Religion and Science?〉에 포함되어 있는 예다.

진화생물학자인 라이언 교수는 일요일마다 교회에 다니는 독실한 기독교인이다. 라이언은 주중에는 동료 과학자들과 진화생물학을 연구하고, 학생들에게 진화론을 가르치다가 일요일에는 교회에 나가서 신께 기도 드리는 생활을 하면서도 아무런 마음의 갈등을 일으키지 않았다. 그런데 어느 날 라이언은 자신의 아들이 동성애자라는 사실을 발견하게 된다. 라이언은 어떤 심정이었을까? 기독교 교리에 의하면 동성애는 죄악이므로 라이언의 아들은 죽어서 지옥에 갈 것이다. 그러나 진화생물학적 관점에서 보면 인간이 동성애 성향을 보인다고 해서 잘못된 것이라고 비난할 필요는 없다. 라이언은 이제 교회에 나가는 것을

그만두어야 하는 것일까?

리처드 로티, 〈종교와 과학 사이에 갈등이 존재하는가?〉

　로티의 해결책은 이런 식으로 종교와 과학이 갈등을 일으키는 상황에서 굳이 어느 한쪽의 관점이 옳은지 결정을 내릴 필요가 있겠느냐하는 것이다. 로티는 신을 믿는 것은 행복을 위해서이며, 과학적 탐구 활동도 따지고 보면 인간이 서로 잘살기 위해서라는 것이다. 이런 관점에서 보면 사랑의 신인 하느님이 동성애자인 아들을 지옥에 보낼 것이라고 두려워하기보다는 자신들의 허물을 감싸줄 것이라고 믿는 것이 더 나을 것이다. 로티는 라이언 교수가 복잡한 신학적 문제를 과학적으로 해결하려고 노력하지 않는다고 해서 결코 지적으로 게으른 사람이라고 비난받을 수 없다고 주장한다.

　로티가 이렇게 생각하도록 영향을 준 제임스는 〈믿으려는 의지^{The Will to Believe}〉(1897)라는 자신의 논문에서 종교적인 믿음을 가지려는 태도가 왜 옳은 것인지를 설명하고 있다. 제임스가 살았던 시대만 해도 진화론이 사람들 사이에서 지금처럼 폭넓게 받아들여지지 않았다. 앞에서 말한 대로 다윈주의에 영향을 많이 받은 제임스로서는 진화론적인 관점이 옳다고 생각했겠지만 또 한편으로는 종교적인 신앙의 현실적인 효과도 쉽게 부정할 수 없었다. 그는 이 세상의 모든 것이 과학적인 설명만으로 해결될 수는 없다고 보았다.

　제임스는 불충분한 경험을 근거로 해서 신앙을 갖는 것은 잘못된 것이라는 회의주의적인 태도에 반대한다. 물론 지적인 문제에 관한 한 제임스는 끊임없이 경험에 대해 생각하고 실천하면서 살아갈 때 우리의 생각이 더 나은 쪽으로 발전할 수 있다고 믿는다. 그렇지만 그는 기독교적인 신앙을 가질 것인가 말 것인가 하는 문제는 단순히 경험적인 근거만 가지고 판단할 수 있는 일은 아니라고 생각한다. 왜냐하면 살아가면서 피할 수 없는 중요한 선택의 갈림길에 서 있는 경우 우리는 지식만을 가지고 선택을 하는 것은 아니기 때문이다.

신앙을 가질 것인가 말 것인가의 문제가 그런 선택 중의 하나라는 것을 설명하기 위해서 제임스는 선택의 종류를 세 가지로 설명한다. 첫째는 살아 있는 선택과 죽은 선택이다. 예를 들어 기독교인이 될 것인가 무신론자가 될 것인가 하는 것에 대한 선택은 살아 있는 선택이다. 왜냐하면 우리의 의지로 어느 한쪽을 선택해야 하기 때문이다. 반면에 여자로 살고 싶으냐 남자로 살고 싶으냐 하는 것에 대한 선택은 지극히 예외적인 경우를 제외하고는 대부분의 사람들에게 죽은 선택이다. 성별은 우리의 의지에 의해서 정하기 어려운 것이기 때문이다.

둘째는 피할 수 있는 선택과 피할 수 없는 선택이다. 지금 밖에 비가 온다고 하자. "우산을 가지고 나갈래 아니면 그냥 나갈래?" 하고 묻는다면 이것은 피할 수 있는 선택이다. 나가지 않고 집에 있으면 그만이기 때문이다. 그러나 밖에 나갈래 집에 있을래? 하고 묻는다면 이것은 피할 수 없는 선택이 된다. 그럴 경우 어는 나가거나 집에 있을 수밖에 없기 때문이다.

마지막으로 중요한 선택과 사소한 선택이 있다. 내가 등산을 매우 좋아하는데 어느 날 친구가 에베레스트 산을 정복해보자고

제안했다면 나는 매우 중요한 선택의 갈림길에 놓이게 된다. 그렇지만 점심에 라면을 먹을 것인가 아니면 볶음밥을 먹을 것인가 하는 것과 같이 위험이 별로 없고, 번복할 수 있는 선택이라면 그것은 사소한 선택이 될 것이다.

제임스는 기독교인이 될 것인가 아니면 무신론자가 될 것인가 하는 문제가 살아 있으며, 피할 수 없으며, 중요한 선택이라고 생각했다. 제임스가 볼 때 신앙을 갖는다는 것은 두 가지 주장을 받아들이는 것이다. 그것은 곧 완전한 것은 영원하다는 것과, 그렇다는 것을 믿는 편이 더 낫다는 주장이다. 신은 완전한 존재이고, 그런 신을 믿을 때 우리는 선하게 살 수 있으며, 영원한 세계에 대한 희망을 가질 수 있고, 희망을 갖는 것이 그렇지 않은 것보다 더 낫다고 하는 것이 제임스의 생각이다. 이것은 어떤 삶을 살 것인가의 문제이므로 살아 있는 선택이며, 어느 한 쪽을 선택할 수밖에 없기 때문에 피할 수 없는 선택이다. 그리고 종교적으로 세계를 바라보는 위험을 감수한다는 점에서 중요한 선택이다.

그렇다면 제임스는 무슨 근거로 종교적인 신앙을 갖는 것이 더 나은 선택이라고 주장하는 것일까? 제임스는 자신의 논문 〈믿으려는 의지〉에서 다음과 같이 말한다.

명제들 사이의 선택이 그 본성상 지적인 기반 위에서 결정될 수 없는 진정한 선택일 때는 언제나 우리의 열정적인 본성이 합법적으로, 또 마땅히 그 선택을 떠맡아야 한다. 다시 말해서 그런 상황에서라면 '결정을 내리지 말고, 물음을 열어두어라'라는 것 자체가 열정적인 결정이다. 이것은 '예'와 '아니오'의 결정과 같다. 그리고 이것은 진리를 잃어버릴 위험도 마찬가지로 안고 있다.

윌리엄 제임스, 〈믿으려는 의지〉

제임스가 여기서 말하고 있는 것은 우리가 어떤 신념을 갖게 되는 데는 논리적이거나 지적인 사고뿐만 아니라 열정과 의지도 필요하다는 것이다. 물론 이런 식으로 가지게 된 신념은 그런 신념을 갖지 않을 경우와 마찬가지로 잘못된 것일 수도 있다. 신을 믿는 것과 믿지 않는 것이 똑같이 경험적이고 논리적인 근거에 의해 뒷받침될 수 없는 것이라고 인정하면서도 제임스는 왜 우리가 종교적인 신앙을 갖는 편이 더 낫다고 주장하는 것일까?

우리는 여기서 제임스가 진화론에 영향을 받고 있다는 사실을 다시 한 번 떠올릴 필요가 있다. 진화론은 신에 의해서 인간이 창조되었다는 것을 부정하기 때문에 무신론 쪽에 가깝다고 보아야 하겠지만, 다른 한편으로는 인간의 삶이 끝을 알 수 없는 끊임없는 탐구와 모험이라는 사실을 보여주었다. 제임스는 인간의 삶이 불안정하기 때문에 인간에게 있어서 자유로운 의지와 창의적인 생각이 더 중요하다고 생각했다. 신이 존재한다는 주장은 경험적인 증거가 없어서 사실로 인정할 수는 없지만, 인간이 스스로의 삶을 도덕적으로 더 나은 쪽으로 개선하기 위해서는 신이 존재한다고 믿는 편이 더 낫다고 생각하는 것이다.

신의 존재 여부에 대해서는 계속해서 열려 있는 물음으로 남겨둔 채, 제임스는 믿으려는 의지를 갖는 것이 바람직하다고 주장한다. 이처럼 제임스는 지식의 문제에 관해서는 과학적인 견

해를 따르는 것이 옳지만, 종교적인 문제와 같이 우리의 열정과 의지에 의해서 결정해야 할 문제도 존재한다는 것을 지적하고 있는 것이다.

제임스의 이런 태도를 종교적인 신앙을 갖는 것이 옳다고 주장하는 것으로 받아들일 필요는 없다. 제임스의 주장은 단지 과학적인 증거가 불충분하기 때문에 신앙을 가져서는 안 된다는 주장에 대해 종교적인 신앙을 가질 자유를 존중해야 한다는 점을 나름대로 설명하고 있을 뿐이다. 제임스는 서로의 정신적인 자유를 존중하는 것이 중요하다고 덧붙인다. 이런 태도는 곧 다른 사람의 삶의 방식을 존중해주는 관용의 태도라고 할 수 있는데, 이것은 우리가 곧 살펴볼 제임스의 다원적인 우주론과도 연관이 있다.

자연과 경험은 하나다

다윈의 진화론에 의하면 신이 인간을 특별한 존재로 만들었다는 생각은 잘못된 것이다. 전통적인 철학은 기본적으로 인간이 다른 동물들과 달리 자연의 원리나 우주의 본모습을 알아낼 수 있는 능력을 가졌다고 전제하고 있다. 그들은 그런 인간의 능력을 이성이라고 했는데, 복잡한 생각을 할 수 있는 능력인 이성은 영혼을 가진 인간만이 가지고 있고, 신이 인간에게만 그런 영혼을 불어넣어주었다고 생각했다.

이런 생각을 바탕으로 해서 주관과 객관의 이원론, 경험과 자연의 이원론이라는 관점이 생겨난다. 이원론적인 관점에서 자연과 우주를 바라본다는 것은 이 우주가 하나의 원리가 지배하는 거대한 전체라는 것이며, 인간은 그 원리를 알아낼 수 있는 완성된 능력을 가지고 태어나는 존재라고 보는 것이다.

다윈의 진화론은 인간을 이렇게 전체 우주 안에서 매우 특별한 능력을 가진 유일한 존재라고 보는 관점에 반대한다. 인간이 신의 피조물이 아니라 다른 동물들과 마찬가지로 오랜 시간에 걸쳐서 진화해온 동물의 하나라면 인간이 가진 이성도 신의 선물이 아니라 환경에 적응해서 살아남기 위해 인간이라는 동물이 발전시켜온 진화의 산물이라고 보아야 할 것이다.

진화론의 관점에서 보면 인간을 포함해서 모든 생물 종들이 서로 유사한 점을 조금씩 나누어 가지고 있다. 지구상에 존재하는 모든 것들이 서로 연결되어 있으며 명확하게 구분할 경계선을 찾기가 쉽지 않다는 것이다. 이런 관점에서 보면 전통철학자들이 인간의 주관적인 경험의 영역과 객관적인 자연의 영역을 나누어놓고 있는 것도 옳지 않다. 인간이 자연의 일부인 한 인간의 경험도 자연의 일부라고 보는 것이 옳을 것이다.

제임스는 이렇게 자연과 경험이 서로 나뉘어 있지 않다는 데서 출발해서 자신의 우주론을 설명하고 있다. 인간의 경험과 자연은 서로 뒤섞여 있다. 이렇게 경험과 자연이 뒤섞여서 세계를 이루고 있는데, 제임스는 이것을 '순수경험''이라고 부르고 있다. 이 순수경험이 세계의 모든 것을 구성하는 기본적인 소재가 된다고 주장하는 제임스의 관점을 '근본적 경험론'이라고 한다.

제임스가 말하는 순수경험이란 우리가 세계를 개념적으로 구

분하기 이전의 원초적이고 혼란스러운 하나의 흐름이다. 잠시 우리 모두 말을 배우기 이전의 어린 시절로 되돌아가보자. 아마도 그 시절의 기억을 간직하고 있는 사람은 없겠지만 최대한 상상력을 동원해보자. 어린 아이의 눈으로 세계를 본다는 것은 색깔, 모양, 크기, 사물들 간의 관계, 개념 등등에 대한 아무런 지식이 없는 상태에서 무엇인가가 끊임없이 이어지는 혼란스러운 흐름일 것이다. 그런 흐름 속에서 비슷한 일이 반복되고, 어른한테 말을 배우기 시작하면서 어린 아이는 어떤 경험 내용에 대해서는 감정을 가질 것이고, 또 어떤 내용에 대해서는 개념을 갖게 될 것이다. 이렇게 우리가 우리 자신과 세계에 대해서 알게 되는 모든 것이 그런 순수경험에서 비롯된다는 것이 제임스의 근본적 경험론이다.

천의 얼굴을 지닌 우주

그런데 어른이 되면 혼란스러운 경험들이 모두 정돈돼 보일까? 그렇지는 않다. 우리는 어른이 되어서도 어린 아이가 세계를 경험하는 것과 같은 방식으로 이 세계를 경험한다. 말하자면 경험의 풍부한 내용은 바뀌지 않는다. 마치 주어진 퍼즐 조각을 다 맞추면 그림이 완성되듯 우리의 경험이 정해진 이 세계의 모습을 모두 알아가게 하는 것은 아니다. 제임스가 생각하는 자연 세계는 정해져 있는 그림이 없다. 하나의 경험은 다른 경험과 관계를 형성해서 또 다른 경험을 만들어낸다. 이것은 곧 이 세계는 늘 새롭고 신기한 것이 나타나는 세계라는 것을 말한다. 이렇게 끊임없이 새로운 모습으로 나타나는 세계는 당연히 여러 가지 모습을 하고 있을 것이다.

우리는 현재 과학기술이 눈부시게 발전하고 있는 세계에 살고 있다. 과학자들은 자연의 원리나 법칙을 탐구해서 전에는 우리가 몰랐던 자연현상의 원인에 대해 설명해준다. 지금처럼 계속해서 자연과학이 발전해나가면 언젠가는 인간이 자연의 모든 것을 알게 될 것이라고 상상할 수 있을 것이다. 그런데 과연 그런 날이 올 수 있을까? 이는 자연의 모습이 어떤 궁극적인 법칙으로 통일되어 있다고 전제할 때 가능하다. 이런 관점을 일원론적인 관점이라고 한다.

제임스가 생각하는 세계의 모습은 이런 일원론적인 세계가 아니라 다원론적인 세계다. 그는 우주는 끊임없이 변하고 있으며 우주가 하나의 모습만을 가지고 있다고 생각하지 않았다. 그래서 그는 우주라는 말 대신 '다원적 우주'라는 말을 좋아했다. 이것은 곧 우주에는 미리 정해진 모습이 없다는 말이다. 앞에서 살펴본 대로 인간의 경험과 자연은 서로 영향을 주고받고 있다. 인간이 자연 속에서 어떤 행위를 하고 어떻게 살아가느냐에 따라서 우주의 모습도 얼마든지 달라질 수 있다. 제임스가 생각하는 세계는 세계의 부분들이 서로 잘 맞아떨어지는 조화롭고, 안정되고, 질서 잡힌 세계가 아니다. 그렇다고 해서 이 세계의 모든 것들이 혼란스럽고 뒤죽박죽이라고 할 수는 없다. 이 세계는 분명히 무질서하고 합리적으로 잘 설명되지 않는 부분도 있지만, 한편으로는 사람들이 사는 데 큰 지장이 없을 정도의 질서와 조

화가 존재하는 것도 사실이다. 제임스의 다원적 우주는 이렇게 질서와 무질서, 혼란과 조화가 모두 존재하는 세계다. 이런 세계에서 모든 것을 하나로 묶어주는 통일적인 원리는 존재하지 않는다. 그런 것은 옛 철학자들이 상상으로 만들어낸 것일 뿐이다. 제임스는 그런 원리를 대신해서 우리가 단지 세계를 바라보는 각자의 관점을 가질 수 있을 뿐이라고 생각한다.

제임스는 왜 통일된 우주 대신에 이렇게 다원적인 우주의 모습이 우리가 살고 있는 세계의 본모습이라고 생각했을까? 만약 이 세계가 어떤 하나의 원리나 신의 섭리에 의해 지배되고 있다면 이 세상에 존재하는 온갖 무질서와 혼란, 악의 문제 등에 대해서 설명하기가 곤란할 것이다. 제임스는 부분적인 통일성과 부분적인 무질서들이 섞여 있다고 보는 것이 우리의 상식에 맞는 관점이라고 생각한다. 그리고 무엇보다도 중요한 것은 제임스는 인간이 이 세계를 좀 더 나은 방향으로 개선할 수 있다고 믿고 있다는 점이다.

이런 관점은 신의 존재를 과학적으로 증명할 수는 없지만, 그럼에도 우리는 신을 믿으려고 하는 편이 더 낫다는 관점과 연결된다. 제임스는 선과 악, 질서와 무질서가 뒤섞여 있는 이 세계를 사람들이 노력해서 좀 더 나은 방향으로 꾸준히 개선할 수 있다고 믿지만 이런 일이 인간의 힘만으로 될 수는 없다고 생각한다. 인간은 종교적인 신앙을 가지고 있을 때 그런 일을 더 잘할 수 있다. 말하자면 신의 존재를 믿고 선하게 살려고 노력하면 신이 보답을 해준다고 생각하는 것이 우리에게 도움이 된다고 보는 것이다. 여기서 제임스가 말하는 신은 전지전능한 절대적인 신이 아니다. 신은 모든 것을 자신의 뜻에 따라서 이루어나가는 존재가 아니라 반드시 인간의 힘을 필요로 하는 유한한 존재다. 미래는 신에 의해 미리 결정되어 있는 게 아니다. 인간이 유한한 신을 믿으며 세계를 더 나은 쪽으로 개선하려고 노력하는 세계가 제임스가 바라보는 다원적 우주다.

제임스의 이러한 관점은 모든 것에서 인간적인 가치를 찾으려고 노력한 그의 인본주의적인 프래그머티즘을 잘 나타내준다고 할 수 있다.

✚ 신의 존재를 탐구하는 제임스

제임스는 신의 본성과 존재, 영혼불멸, 자유의지와 결정론, 인생의 가치 등에 대해 경험적으로 연구했다. 즉 신의 본성에 대한 종교 체험과 죽음 이후에도 살아남는 것에 대해 물리적으로 탐구했다. 심령 연구가들과 공동으로 신의 존재를 연구하기도 한 그는, 사후의 삶은 입증되지 않는 것이라고 결론 내렸지만 신의 존재는 종교적 체험인 기록에 의해서 확증될 수 있다고 주장했다. 그는 개인이 위기에 처했을 때 신과 접촉할 수 있다고 생각했다. 그는 신과 종교에 대한 자신의 생각을 《종교적 경험의 다양성》이라는 책으로 엮어 출간했는데, 구체적이고 풍부한 자료를 요약한 논증은 종교학자들의 마음 깊은 곳에 영향을 끼쳤다. 그는 종교적 경험의 다양성이 다른 경험과 본질적으로 다른 것이라고 생각하지 않았다. 제임스에 의하면 우리의 경험 속에는 보이지 않는 것의 세계가 포함되며, 이것은 내세, 천상계, 절대자 등등과 같은 형식을 취하면서 다양한 종교적 경험 속에서 표현되고 있다.

퍼스, 우주는 실재한다

고독한 천재

찰스 샌더스 퍼스는 제임스와 절친한 사이였지만, 제임스가 성격이 온화하고 여러 사람과 어울리는 것을 좋아했던 반면에 그는 사교성이 없던 불행한 천재였다.

제임스가 아버지의 영향을 많이 받았듯이 퍼스도 하버드 대학의 저명한 수학 교수였던 아버지의 영향을 많이 받은 것으로 보인다. 그의 아버지인 벤저민 퍼스Benjamin Peirce는 수학이 전공이었지만 천문학, 물리학, 철학 등에도 관심이 많았고, 다양한 문화에 관심이 있었기 때문에 항상 많은 학자와 문학가들이 그의 집을 방문했다. 퍼스는 어려서부터 많은 학자들을 보면서 성장했으며 어린 시절에 아버지의 지도로 철학 책을 읽기 시작했다. 10대에는 이미 칸트나 홉스Thomas Hobbes, 1588~1679 같은 철학자들의 저서를 읽을 정도였다고 한다. 그리고 과학 분야에도 관심을 가졌던 퍼스는 여덟 살 때 화학을 공부하기 시작했으며, 열두 살 때는 자신의 개인 실험실을 가졌다고 한다. 어려서의 이런 경험은 그가 평생 철학을 하는 데 큰 영향을 주었을 것이다.

퍼스는 1859년에 하버드 대학을 졸업하고, 1863년에 하버드 대학의 로렌스 과학학교를 졸업하게 되는데, 거기서 자신보다 세 살 어린 제임스를 만나 평생 친구로 지내게 된다. 학교를 졸업한 후 퍼스는 해안 측량소에서 일하기도 하고 존스홉킨스 대학에서 논리학을 가르치기도 했다. 이때 퍼스는 자신의 논리학 수업을 듣던 학생인 듀이와 만나게 된다.

1871년에는 '형이상학클럽'이라는 토론 모임을 만들어 프래그머티즘에 대한 논문을 발표했다.

퍼스는 생전에 많은 논문을 써놓고도 그 논문들을 책으로 엮어 출판한 적이 한 번도 없었다. 제임스와 듀이가 글이나 강연에서 퍼스를 열심히 이야기하고 다녔음에도 그의 학문은 잘 알려지지 않은 까닭은 바로 그 때문이다. 그의 철학이 본격적으로 주목받게 된 것은, 1931년 노트 형태로 남아 있던 퍼스의 글들이 논문집으로 출판되기 시작하면서부터다. 퍼스가 출판하지 않고 써놓은 논문의 분량이 무려 8만 페이지에 달하기 때문에 그의 논문을 모두 출판하는 일은 지금까지도 계

형이상학클럽이라는 토론 모임을 만들어 프래그머티즘의 기초를 다진 퍼스

속되고 있다.

퍼스는 48세가 되던 해인 1887년부터 펜실베이니아 주의 밀퍼드Milford라는 곳에서 다른 사람들과 연락을 거의 끊은 채 1914년 암으로 사망할 때까지 조용히 살았다. 그 기간에 퍼스는 자신의 철학 체계를 다듬는 작업을 했지만 가난과 질병에 시달려야 했다. 칸트의 유명한 저서인 《순수이성비판Kritik der reinen Vernunft》(1781)이라는 책을 거의 암기할 만큼 비상한 두뇌를 가졌던 천재 퍼스의 말년은 외롭고 고독했다.

포기할 수 없는 보편적 진리

1982년부터 시작된 퍼스의 저작 출판은 지금도 현재진행형이다. 퍼스의 글이 아직도 이 세상에 전부 소개되지 않았고 퍼스가 자신의 철학 사상을 체계적으로 구성해서 책으로 내놓은 적이 없기 때문에 퍼스 사상의 전반적인 특징을 간단히 말하기는 쉽지 않다.

퍼스의 입장을 한마디로 정의하기는 어려워도 한 가지 분명한 것은 그가 논리학을 통해서 과학과 삶의 문제를 통합하려 했다는 점이다. 퍼스는 과학적인 논리를 통해서 철학을 새롭게 바꾸려 했다. 그렇다고 해서 그가 과학적 지식의 영역에만 머문 것은 아니다. 퍼스는 과학적 지식의 세계를 넘어서서 그런 지식을 참된 지식이라고 말할 수 있게 해주는 더 근원적인 우주의 보편적 진리를 추구해야 한다고 생각했다.

제임스가 종교적인 신앙을 갖는 것이 옳은가 그렇지 않은가에 대해 논하면서 그런 선택은 반드시 지적인 판단에 근거해서 이루어질 수 없으며 열정이나 의지도 우리의 삶에서 중요하다고 말한 것을 우리는 이미 앞에서 살펴보았다. 이런 제임스의 태도에 비하면 퍼스의 입장은 훨씬 지적인 입장을 강조하는 편이다.

퍼스는 우리의 생각이 세계에 관한 어떤 것을 인식하는 것과 관련되어 있는 한 언어적이거나 상징적일 수밖에 없다고 주장한다. 말하자면 우리는 반드시 언어적으로 또는 상징을 통해서밖에 생각할 수가 없으며, 이는 곧 우리의 사고가 의사소통을 전제로 하고 있다는 것이다. 의사소통은 사람과 사람 사이에서 기호를 통해서 이루어지기 때문에 인간의 사고는 의사소통을 하고 있는 공동체와 뗄 수 없는 것이 된다. 이처럼 모든 과학적 탐구가 의사소통 공동체 안에서 이루어진다고 보는 입장이 매우 독특하다.

퍼스의 프래그머티즘이 다른 프래그머티즘과 구별되는 것은 실재^{reality}의 문제를 강조하고 있다는 것이다. 퍼스는 모든 과학적 탐구가 최종 목표로 하는 것은 결국 우주의 실재이며, 그것은 탐구가 지속적으로 이루어질 경우 모든 연구자들이 동의하도록 되어 있는 것이라고 생각했다. 퍼스는 실재란 그것을 인식하는 우리의 마음과는 독립적으로 존재하는 것이라고 생각했다. 우리가 참된 지식, 곧 진리를 말할 수 있는 이유는 그 지식이 우리에게 단지 유용해서가 아니라 실재의 모습을 드러내는 것이기 때문이다.

더 정확히 말하면, 퍼스는 우리의 사고가 기호를 통해서만 이

루어지며, 그런 점에서 사고가 우리 안에 있는 것이 아니라 기호 안에 있다고 말한다. 이것은 곧 우리가 생각한다고 하는 것이 우리 마음대로 아무렇게나 이루어지는 것이 아니라 반드시 어떤 규칙에 따라서 이루어져야 하는 것이며, 그런 방식으로 세계의 의미가 드러난다는 것이다.

예를 들어 '컵'이라는 단어의 의미를 파악하게 되는 과정을 생각해보자. 우리는 컵이라는 대상을 눈앞에 보면서 그것을 '컵'이라고 부른다. 컵이라는 단어를 컵이라고 부른다고 해서 그것의 의미가 곧바로 파악되는 것은 아니다. 부시맨에게 시계를 보여주면서 시계라고 그 명칭을 알려줘봐야 부시맨이 시계의 의미를 알지 못하는 것과 마찬가지다. 우리가 컵의 의미를 파악하는 것은 그 대상과 그 대상을 가리키는 기호로서의 언어 이외에 그 대상과 관련된 기호의 의미를 해석하는 어떤 추론적인 과정을 전제하고 있기 때문이다. 퍼스는 이렇게 대상과 기호의 연관, 그리고 그 의미의 추론 과정을 통해 해석하는 해석자라는 제3항의 관계를 통해서 비로소 컵이라는 말의 의미가 이해된다고 보았다. 컵의 의미를 우리가 알고 있다는 것은 우리가 그것을 이를테면 '물을 마실 수 있는 그릇'과 같은 방식으로 해석을 하고 있다는 것을 뜻한다.

퍼스는 이 세계가 존재하는 방식, 그것을 나타내는 기호, 기호를 해석하는 해석자의 관계를 일관된 체계로 설명하고자 했으며, 이런 노력이 그의 형이상학, 기호학, 우주론 등의 거대한 체계로 나타나게 된다. 이런 거대한 이론적인 체계를 생각한 것은 퍼스와 다른 프래그머티스트들을 구분해주는 또 다른 차이점이다.

의심을 믿음으로 바꾸는 네 가지 방법

퍼스가 '형이상학클럽'이라는 토론 모임에서 '프래그머티즘'이라는 용어를 처음 사용하고 그 기본적인 아이디어를 담은 글을 발표했지만 막상 그 글은 남아 있지 않다. 하지만 1877년부터 퍼스는 《월간 대중과학^{Popular Science Monthly}》이라는 잡지에 논문을 연재했는데, 그중에서 〈믿음의 고정^{The Fixation of Belief}〉(1877)과 〈관념을 명석하게 하는 방법^{How to Make Our Ideas Clear}〉(1878)이라는 두 논문이 퍼스가 처음 프래그머티즘을 발표했을 때의 아이디어를 담고 있는 것으로 알려져 있다. 그래서 이 두 논문의 내용을 살펴보면 프래그머티즘에 대한 그의 기본적인 생각이 무엇인지 알 수 있다.

먼저 〈믿음의 고정〉이라는 논문에서 퍼스는 우리가 왜 탐구를 하며 어떤 것이 올바른 탐구의 방법인지 서술했다. 전통적인 철학자들은 우리가 무엇을 탐구하는 이유를 그것에 대해서 잘 알기 위해서라고 생각했다. 예를 들어 집에서 기르는 강아지에 대해서 탐구한다고 해보자. 우리는 강아지가 무엇을 잘 먹는지, 어디를 산책하기 좋아하는지, 또 주인인 내가 어떻게 해주면 좋아하는지 강아지의 태도를 관찰하면서 탐구할 수 있다. 그 결과 우리는 강아지에 대해 잘 알게 된다. 말하자면 우리는 강아지에 대한 많은 지식을 얻게 될 것이다.

그렇지만 퍼스는 탐구가 이렇게 지식하고만 관련되는 것이라고 생각하지 않았다. 퍼스는 탐구를 '의심에서 믿음으로 나아가는 과정'이라고 보았다. 의심이나 믿음은 단지 지식의 문제가 아니라 우리의 행동이나 습관과 관련된 것이다. 다음과 같은 예를 한번 생각해보자.

어느 날 집으로 돌아와보니 강아지의 행동이 좀 이상해 보였다. 밥도 잘 먹지 않고, 주인인 내가 들어와도 평소처럼 꼬리를 흔들며 반가워하지 않았다. 그러면 나는 혹시 강아지가 어디 아픈 것은 아닐까 하고 의심할 것이다. 그렇게 의심을 하고 있는 한 나의 마음은 편하지 않을 것이다.

퍼스는 이런 의심이 생기는 순간부터 진정한 탐구가 시작된다고 말한다. 탐구의 목표는 이렇게 의심하는 상태에서 벗어나 마음의 안정을 얻는 것이다. 퍼스는 의심을 완전히 해소해서 어떤 행동에 나설 수 있게 되는 상태를 믿음의 상태라고 한다.

그런데 의심을 해소하고 참된 믿음의 상태에 도달하는 데는 여러 가지 방법이 있다. 퍼스는 우리가 믿음을 얻게 되는 방법을 고집의 방법, 권위의 방법, 선험적 방법, 과학적 방법으로 구분하고 마땅히 과학적 방법을 택해야 한다고 주장한다.

먼저 고집의 방법이란 우리가 믿고 싶은 대로 믿어버리는 것이다. 강아지가 어떤 이상한 행동을 보여도 그냥 무시하고 정상이라고 스스로 우기는 것이 이런 고집의 방법이다. 퍼스는 고집의 방법을 위험에 직면한 타조가 모래 속에 머리를 파묻는 것에 비유했다. 타조는 위험한 상황을 보지 않기 때문에 아무 위험이 없다고 생각한다. 그러나 타조가 머리를 모래에 파묻음으로써 얻은 마음의 평온은 그리 오래가지 못할 것이다. 강아지의 경우도 마찬가지다. 만약에 강아지가 정말로 어디가 아픈 것이라면 주인인 나의 고집 때문에 강아지는 위험한 상태에 빠질 수도 있다. 내가 아무리 강아지가 이상이 없다고 우겨도 다른 식구들이 계속해서 이상하다고 말하면 내 고집은 지속되기 어렵다. 이것은 믿음을 갖는다는 것이 개인의 문제가 아니라 내가 속한 공동체 안에서 그런 믿음을 어떻게 유지할 것인가 하는 문제라는 것을 보여준다.

권위의 방법은 한 공동체에 속한 사람들의 마음에서 강제로 의심을 제거하는 방법이다. 이런 방법은 흔히 독재자들이 자주 사용하는 방법인데, 국민들의 생각을 단순하게 만들고 남들과 다른 생각을 갖는 것을 두려워하게 만들면, 사람들은 마침내 자기가 진정으로 어떤 일에 대해 의심하고 있는지조차 혼란스러워하고 결국에는 자신에게 강요된 생각을 믿어버림으로써 마음의 평안을 얻게 된다. 강아지의 예에 이것을 적용하면 좀 억지겠지만, 만약에 아버지가 매우 엄한 분이라서 아버지가 생각하는 것을 무조건 따라야 한다고 생각해보자. 아버지는 공부에 방해가 될까 봐 강아지는 이상이 없으니 더 이상 신경 쓰지 말라고 말한다. 우리는 감히 아버지의 명령을 거역할 수 없기 때문에 강아지가 괜찮다고 스스로 믿게 된다. 이것도 우리가 참된 믿음에 도달하는 올바른 방법은 결코 아닐 것이다.

선험적 방법이란 철학자들이 많이 썼던 방법인데, 경험적인 사실을 무시하고 철학자들이 옳다고 생각하는 식으로, 철학자들의 용어를 빌리면 '이성에 부합하는' 방식으로 사실을 해석하는 것이다. 그런데 문제는 시대마다 철학자들이 옳다고 여기는 것이 달라지기 때문에 이런 방식은 권위의 방법과 크게 다르지 않다.

퍼스가 의심을 해소하는 가장 올바른 방법이라고 생각하는 것
은 바로 과학적 방법이다. 퍼스가 말하는 과학적 방법은 객관적
인 사실에 의해서 의심을 해소하는 방법이다. 아버지가 강아지
는 아무 이상이 없다고 말해도, 또 내가 마음속으로 아무리 강아

지가 정상이라고 고집해도, 강아지의 상태가 나아지지는 않을 것이다. 어딘가 이상하다는 사실은 우리가 강아지에 대해서 어떻게 생각하느냐와 상관없는 문제다. 강아지의 평소 행동을 잘 알고 있는 우리 식구들은 누구나 이상하다는 것을 느낄 것이다. 그래서 우리 식구들은 아무리 부정하려 해도 어쩔 수 없이 정상이 아닌 강아지를 보고 있기 때문에 어디가 아픈 것이 틀림없다고 결론을 내리게 되고, 곧 강아지를 동물병원으로 데려갈 것이다. 이런 과정이 바로 과학적인 방법에 의해 의심을 해소하고 어떤 행동을 하게 되는 과정이다. 우리는 강아지가 아픈 것이 틀림없다고 믿게 되었기 때문에 병원에 데려가는 행동을 하게 된다. 퍼스가 말하는 믿음은 이처럼 우리를 행동에 나서게 하는 힘이다. 퍼스는 과학적 방법을 통해 얻은 믿음만이 우리로 하여금 올바른 행동 습관을 갖게 한다고 주장한다.

퍼스는 〈관념을 명석하게 하는 방법〉이라는 논문에서 우리가 어떻게 해서 참된 믿음에 도달하게 되는가를 설명하고 있다. 우리가 강아지의 이상한 행동을 보고 아프다는 결론에 도달했다면, 우리가 '아프다'라는 것이 무엇인지 잘 알고 있다는 이야기가 된다. 우리는 이미 앞에서 퍼스가 '프래그머티즘의 격률'이라는 것을 제시하면서 어떤 말의 의미가 어떻게 정해지는지 설명한 것을 살펴보았다. 참된 믿음은 대상에 대한 참된 관념을 얻을 때 가능하다. 강아지가 정말로 아플 때 우리가 그 사실을 믿는 것이 참된 믿음이다. 그런데 우리는 강아지가 정말로 아픈지 어떻게 알 수 있을까? 강아지와 너무 친해서 눈빛만 보고도 이심전심으로 알 수 있을까? 아니면 아버지가 하시는 말씀은 언제나 옳기 때문에 강아지가 아픈 것 같다는 아버지의 말씀에 근거해서 우리가 참된 믿음을 갖게 되는 것일까?

퍼스는 "어떤 것에 대한 우리의 관념은 그것의 감각 가능한 결과들에 대한 우리의 관념이다"라고 말한다. 이것은 우리가 '강아지가 아프다'라고 말할 수 있으려면 감각 가능한 어떤 결과들을 증거로 제시할 수 있어야 한다는 것이다. 예를 들면 강아지가 밥을 안 먹는다거나 꼬리를 늘어뜨리고 있다거나 기운이 없어서 엎드려만 있다거나 눈곱이 낀다거나 하는 것 등은 모두 우리가 감각적으로 알 수 있는 증거들이다. 이런 사실들에 대한 관념을 떠나서 강아지가 아프다는 것에 대한 관념을 가질 방법은 없다.

퍼스가 말하는 과학적 방법은 이렇게 객관적인 사실을 통해서 우리가 어떤 관념을 갖게 되는 과정을 뜻한다. 우리는 의심스러운 상황에서 가능한 한 모든 생각을 검토해봄으로써 참된 관념과 거짓된 관념을 구별할 수 있다. 거짓된 관념은 우리가 믿을 만한 실제적인 결과를 내놓지 못할 것이다. 강아지가 아프지 않다는 생각은 강아지의 기운 없는 태도를 보면 금방 틀린 생각이라는 것을 알 수 있다.

여기서 눈여겨보아야 할 것은 퍼스가 참된 믿음을 갖게 하는 것은 실재하는 사물이라고 말하고 있다는 점이다. 우리가 대상에 대해서 어떻게 생각하느냐에 관계없이 존재하는 객관적인 사실이 우리로 하여금 참된 믿음을 갖게 한다. 객관적인 사실이 존재하기 때문에 사람들이 가지고 있는 잘못된 믿음은 탐구가 진행되는 과정에서 잘못되었다는 점이 드러날 것이다.

퍼스는 과학적 탐구가 충분히 지속되면 모든 연구자들이 동의할 수밖에 없는 해답에 도달할 것이라고 말한다. 그런 해답들은 결국 우리가 생각하는 것과 별개로 존재하는 실재의 모습을 보여주게 될 것이다. 이는 우리가 가진 믿음하고는 또 다르다. 우리는 과학적 탐구를 통해서 그때그때 어떤 참된 관념에 도달함으로써 의심의 상태에서 믿음의 상태로 나아갈 수 있다. 그러나 우리가 믿음의 상태에 도달했다고 해서 모든 의심이 해소되는 것은 아니다. 우리의 믿음은 또 다른 의심을 낳을 것이고, 이런 식으로 우리의 과학적 탐구는 계속해서 이어지게 된다. 진리란 그런 탐구가 최종적으로 도달하는 지점이다.

현금가치를 넘어서

진리를 이처럼 모든 과학적 탐구자들이 도달하게 될 목표라고 설정하고 그것이 우주의 실재와 관련이 있다고 보는 퍼스의 관점은 분명히 제임스의 입장과 다르다. 제임스가 우리에게 만족할 만한 결과를 가져오는 것, 또는 '현금가치'를 갖는 것이 참된 것이라고 말한 반면에 퍼스는 우리의 믿음은 그때그때 우리를 특정한 행동으로 이끌어주는 습관을 형성하는 것일 뿐이며, 진리란 우리가 생각하는 것과는 무관한 탐구의 최종 목표라고 생각했다.

퍼스와 제임스의 차이는 그들의 학문적인 배경이 다른 것에서 이해할 수 있다. 제임스는 의학과 심리학을 연구한 학자로서 가장 큰 철학적 문제가 과학과 종교를 통합하는 것이라고 생각했다. 제임스가 진리의 문제를 이야기할 때 중요하게 여기는 것은 우리가 참으로 여기는 것이 우리의 삶에서 어떤 의미를 갖는가 하는 것이다. 그러나 퍼스는 수학, 물리학, 화학을 연구한 학자로서 철학과 논리학 자체가 과학이라고 생각했다. 그는 철학이 과학철학이며 논리학이 과학의 논리라고 보았다. 퍼스가 진리를 생각할 때 그것은 인간의 마음과는 무관하다.

퍼스는 과학적 탐구에서 '실재'라는 개념이 중요한 역할을 한다고 생각했다. 우리가 그것을 한꺼번에 드러낼 수는 없지만, 그것은 모든 과학적 탐구가 삼아야 할 목표다. 과학적 탐구가 계속 진행되면 그 목표에 도달할 것이고, 우리는 결국 진리를 알게 될 것이다. 퍼스는 과학적 탐구 활동에서 가장 중요한 것은 과학적 방법을 적용하는 일이라고 생각했다. 우리는 그때그때 다른 탐구의 결과, 즉 믿음을 얻게 되겠지만, 이 믿음들은 언젠가는 한 곳으로 모여서 실재를 드러낼 것이다. 퍼스는 그것을 진리라고 불렀다.

우리가 언젠가는 우주의 실재에 도달하게 될 것이라고 낙관할 수 있지만 그렇다고 해서 우리의 과학적 탐구 결과가 언제나 옳은 것으로 드러난다는 이야기는 아니다. 퍼스는 우리가 언제나 틀릴 수 있다고 생각했다. 이것을 '오류가능주의'라고 한다. 우리는 완전한 존재가 아니기 때문에 생각을 잘못할 수도 있고, 실험을 잘못할 수도 있다. 그래서 전혀 엉뚱한 믿음을 갖게 될 수도 있다. 그러나 퍼스는 우리가 실수를 할 수 있다는 것이 이 세상에 대답할 수 없는 문제나 탐구 자체가 불가능한 문제가 있다는 것을 의미하지는 않는다고 생각했다. 그는 탐구를 가로막는 요소가 없다면 우리는 어떤 문제라도 해답을 찾을 수 있을 것이라고 생각했다.

이처럼 퍼스는 우리가 과학적 방법으로 끊임없이 탐구를 지속하면 실재에 도달할 수 있다고 생각했다. 따라서 제임스가 말하는 프래그머티즘이 자신의 생각을 오해한 데서 비롯되었다고 생각했을 것이다. 퍼스가 말하는 실재라는 개념은 매우 일반적이고 추상적인 개념이다. 그것은 어떤 점에서 인간적인 관점을 훨씬 뛰어넘는 것이라고 할 수 있다. 퍼스는 진리를 이렇게 추상적인 차원에서 생각하기 때문에 제임스가 진리를 실천적 효과나 만족감과 같은 것으로 해석할 때 자신과는 전혀 다른 이야기를 하고 있는 것으로 보았다. 그는 비록 자신이 만들기는 했지만, 제임스가 퍼뜨림으로써 유명해진 '프래그머티즘'이라는 용어가 마음에 들지 않았다. 그래서 그는 '프래그머티시즘'이라는 용어를 새로 만들어서 그것이 자신의 입장을 나타내는 것이라고 주장하게 된다.

퍼스가 제안한 과학적 탐구 방법

퍼스의 '프래그머티시즘'은 무엇보다도 과학적 탐구 방법을 중요시하는 입장이다. 퍼스는 올바른 과학적 방법으로 연구를 지속할 수만 있다면, 우리가 사는 세계의 본모습이 결국에는 밝혀지리라는 믿음을 가지고 있었다. 그렇다면 그가 말하는 과학적 탐구 방법이란 구체적으로 어떤 것일까?

퍼스는 과학적 방법이란 연역법, 귀납법, 가설법, 탐구의 경제 등을 뜻한다고 말한다. 이 중에서 연역법과 귀납법은 전통적으로 알려진 추론의 방법이다. 연역법은 참인 전제에서 참인 결론을 이끌어내는 추론의 방법이다. 연역법의 가장 흔한 예는 다음과 같은 것이다.

대전제	모든 사람은 죽는다.
소전제	소크라테스는 사람이다.
결 론	소크라테스는 죽는다.

대전제와 소전제가 참일 때 결론인 '소크라테스는 죽는다'도 반드시 참이다. 과학적 탐구에서 서로 앞뒤가 안 맞는 이야기를 해서는 안 되기 때문에 이런 연역 추론은 과학에서 중요한 역할을 한다.

귀납법은 개별적인 관찰 사실로부터 일반적인 결론을 도출해내는 추론의 방법이다. 실험적인 데이터를 많이 모으면 그 데이터로부터 우리는 일반적인 언명言明을 이끌어낼 수 있다. 과학법칙은 대개 보편적인 형식의 문장으로 되어 있다. 예를 들면 '물은 100°C에서 끓는다'라는 문장은 물을 여러 번 끓여보았는데 끓일 때마다 100°C에서 끓기 시작했다는 반복적인 실험 자료를 바탕으로 귀납적으로 추론해서 얻은 결론이다. 추론이란 전제에서 결론으로 나아가는 사고의 과정을 뜻한다. 연역법이나 귀납법은 모두 전제에서 출발한다. 그렇지만 두 추론 방법은 그 전제가 어떻게 만들어졌는지에 대해서는 아무것도 설명하지 않는다. 만약 과학적 탐구가 의심에서 출발해 믿음으로 나아가는 과정이라면, 과학적 추론은 의심스러운 사실이 왜 일어났는지 잠정적으로 설명해주는 가설에서 출발해야 할 것이다. 이렇게 처음에 가설을 도출해내는 추론의 첫 번째 단계를 퍼스는 가설법^{abduction}이라고 불렀다. 가설법은 탐구의 경제와 함께 퍼스의 과학적 방법론의 독특한 점으로 꼽힌다. 퍼스는 가설법의 형식을 다음과 같이 제시하고 있다.

> 놀라운 사실인 C가 관찰되었다.
> 그렇지만 만일 A가 참이라면, C는 당연할 것이다.
> 따라서 A가 참이라고 생각할 만한 이유가 있다.
>
> 찰스 샌더스 퍼스, 《퍼스의 철학논문집》 〈가설법과 귀납법〉

여기서 우리는 C라는 사실을 보고 A가 참일 것이라는 가설을 이끌어내고 있음을 알 수 있다. 이것은 어느 날 집에 돌아와보니 시름시름 앓던 강아지가 생기발랄하게 뛰어놀고 있는 사실을 보고, 틀림없이 식구 중에 누군가 강아지를 데리고 병원에 다녀왔을 것이라고 추측하는 것과 같다. 위의 형식을 우리 집 강아지에 적용하면 다음과 같이 될 것이다.

> 집에 돌아와보니 놀랍게도 강아지가 생기발랄하게 뛰어논다. 만일 식구 중에 누군가가 강아지를 병원에 데리고 가 치료했다면, 강아지가 생기를 찾은 것은 당연할 것이다. 따라서 나는 식구 중

에 누군가가 강아지를 병원에 데리고 가 치료했다고 생각한다.

끝으로 탐구의 경제란 과학적 탐구가 경제적으로 이루어져야 한다는 것이다. 퍼스는 과학이 언제나 역사적이고 사회경제적인 맥락에서 탐구된다고 보았다. 이 말은 우리 앞에 발견되지 않은 채 놓여 있는 진리는 무한한데, 우리가 과학적인 가설을 테스트할 때 사용할 수 있는 자원은 지극히 제한되어 있기 때문에 가장 효율적인 방법이 무엇인지 찾아서 지식의 양을 최대한 늘려가야 한다는 것이다. 강아지가 병원에서 치료받았을 것이라는 가설을 확인하기 위해서 강아지를 국립과학수사연구소 같은 곳에 데려가 어떤 치료를 받았는지 검사한다는 것은 미련한 일이다. 동물병원의 영수증을 보거나, 식구들에게 물어보면 내가 세운 가설은 쉽게 확인될 것이다. 퍼스는 이런 태도를 취하는 것이 과학적 탐구에서 중요하고 또 합리적이라고 보았다.

우주는 진화한다

퍼스가 생각하는 진리는 우리가 그때그때 과학적 탐구를 통해서 얻어내는 결과 자체는 아니다. 퍼스는 진리를 이상적인 과학자 공동체에 의해서 탐구가 지속될 때 언젠가는 밝혀지게 될 어떤 것이라고 생각한다. 철학자들은 이런 개념을 '한계 개념'이라고 한다. 이것은 우리가 당장 눈앞에서 볼 수는 없지만 우리의 탐구 활동을 지속하는 데 반드시 필요한 개념이라고 할 수 있다.

과학자들은 자신들이 탐구하는 것이 이 세계의 모습을 밝히는 일과 무관한 것이라는 생각이 들면 아마도 열심히 연구하고 실험하고 싶은 생각이 없어질 것이다. 차라리 책상에 앉아서 우주가 어떻게 생겼는지 각자 소설을 쓰는 것이 낫다고 생각할지도 모른다. 과학자들은 언젠가는 진리를 발견할 수 있다고 생각하기 때문에 과학적 탐구 결과가 틀릴 가능성이 있더라도 열심히 연구하는 것이다.

그렇다면 퍼스는 이 우주가 정해진 원리나 법칙에 의해서 움직이고 과학자들은 그 정해진 원리나 법칙을 조금씩 찾아가고 있다고 생각한 것일까? 철학자들은 우주가 미리 정해진 원리나 법칙에 따라 움직이고 있다는 생각을 '결정론^{determinism}'이라고 한다. 앞에서도 언급했지만 프래그머티스트들에게 가장 큰 영향을 준 사상은 다윈의 진화론이다. 다윈의 진화론은 진화의 과정이 어떤 정해진 법칙에 따라서 이루어지는 것이 아니라고 가르친다. 생물 종은 그때그때 환경의 변화에 따라서 살아남거나 멸종한다. 퍼스는 이런 진화론의 아이디어를 우주의 움직임에 적용했다. 우주는 고정되어 있지 않고 끊임없이 변화하고, 이런 우주의 변화 역시 정해진 법칙에 따라서 이루어지는 것이 아니다.

퍼스는 과학적 탐구가 의심에서 믿음으로 나아가는 과정이라고 보았다. 믿음은 행동의 습관을 형성한다. 우리가 참된 믿음을 가지면 좋은 습관을 형성하게 될 것이고, 행동과 말에서 실수하는 일이 적을 것이다. 그런데 퍼스가 여기서 말하는 습관은 꼭 사람에게만 해당되는 단어는 아니다. 퍼스는 우주도 습관을 형성한다고 말한다. 우주는 다양한 습관을 가지고 있다. 퍼스는 이

것이 일종의 통계적인 규칙성과 같은 것으로서 결정론적인 법칙
과는 다르다고 본다. 우주의 습관들은 고정되어 있는 것이 아니
라 끊임없이 진화하고 있다. 과학은 우주가 정해진 법칙에 따라
움직이는 것이 아니라 자발적으로 진화하고 있다는 사실을 보여
준다. 퍼스는 이런 생각을 우연주의^{tychism}라고 했다.

자연 속에서 생물 종의 진화가 우연적인 환경의 변화에 의해
서 일어나듯이, 퍼스는 우주의 진화도 그런 식으로 이루어진다
고 본 것이다. 우주는 그래서 고정되어 있는 법칙의 세계가 아니
라 자기 멋대로 움직이는 역동적인 세계라고 할 수 있다.

우주의 습관이 자발성을 가지고 스스로 진화해간다는 것이 퍼
스가 말하는 진화적 실재론의 기본적인 아이디어라고 할 수 있
다. 이런 관점은 왜 퍼스가 과학적 탐구가 언제나 틀릴 가능성이
있다고 생각했는지를 설명해준다. 퍼스가 말하는 우주의 습관이
란 우리가 흔히 자연법칙이라고 부르는 것이다. 우리는 자연법
칙이 변하지 않는다고 흔히 생각하지만, 퍼스는 변하지 않는 법
칙은 없다고 생각했다. 우주의 습관인 자연법칙은 끊임없이 진
화하는 중이기 때문이다. 예전에는 과학자들이 잘못된 과학적
탐구 결과를 내놓는 이유가 자연법칙을 올바로 파악하지 못했기
때문이라고 생각했는데, 퍼스의 관점에서 보면 꼭 그렇게 생각
할 수도 없는 일이다. 왜냐하면 과학자들이 아무리 정확하게 자
연법칙을 탐구했다고 하더라도 나중에 그 법칙 자체가 진화해서
다른 것이 될 수 있기 때문이다.

퍼스가 다윈의 영향을 받아서 우주의 습관, 말하자면 자연법
칙마저도 끊임없이 진화한다고 보았다면, 그는 자연의 생물들이

살아남기 위해 경쟁하듯이 우주의 모든 것들도 그런 경쟁 상태에 있다고 봤을까? 오히려 퍼스는 정반대로 생각했다. 우주의 진화를 이끄는 근본적인 힘은 대립, 투쟁, 갈등, 경쟁이 아니라 '진화적 사랑'이라고 하는 '아가페^{agapē}'라는 것이다. 아가페라는 것은 이웃이 잘살 수 있다면 내가 기꺼이 그를 위해 희생할 준비가 되어 있는, 말하자면 아낌없이 주는 사랑을 뜻한다.

퍼스는 당시에 유행하던 사회진화론에 대해 비판적이었다. 사회진화론은 인간 사회가 끊임없는 경쟁을 통해 진화한다는 관점인데, 이런 관점은 다윈의 생각을 인간 사회에 잘못 적용한 것이다. 퍼스는 논리가 자기희생의 윤리를 전제한다고 말하기도 했

✛ 미국이 배출한 가장 독창적이고 다재다능한 사상가, 퍼스

오늘날 퍼스는 미국이 지금까지 배출한 가장 독창적이고 다재다능한 지성인으로 인정받고 있다. 하지만 그는 매우 뒤늦게 인정받기 시작했으며 대부분의 저작은 아직도 전문가들에게만 알려져 있을 뿐이다. 또 전문가들 역시 그의 저작 전체를 포괄적으로 이해하는 것이 아니라, 다른 부분들과의 연관을 고려하지 않고 그 일부만 알고 있을 뿐이다. 그의 프래그머티즘조차도 다른 프래그머티스트들의 작업과 관련하여 고찰되고 있는 실정이다. 철학자는 그를 우연과 연속성에 관한 진화론적 형이상학(기본적 실재에 관한 이론)을 제시한 사람으로 알 것이고, 수학자는 선형대수에 이바지한 사람으로 알 것이다. 논리학자는 관계논리·양화논리·삼가논리 등을 포함하는 논리대수의 창시자로 기억할 것이다. 심리학자라면 미국 최초의 현대 심리학자로 알 것이고, 기호학자는 기호학의 공동창시자로 알 것이며, 문헌학자는 엘리자베스 여왕 시대의 영어 발음에 관한 권위자로 알지도 모른다. 또 컴퓨터 과학자는 그의 편지들에서 전자 전환회로 컴퓨터의 설계와 이론에 관한 최초의 스케치를 발견할 수도 있을 것이다. 이 업적들 중의 상당수는 그의 전문 영역을 벗어나 이루어진 것이었다.

다. 이런 생각들은 끊임없는 과학적 탐구를 통해 진리를 알게 될 것이라고 본 낙관론과 더불어 세상을 긍정적으로 바라보고자 한 그의 태도를 엿볼 수 있게 한다.

현실 참여 철학자, 듀이

부지런한 사상가

존 듀이는 미국의 버몬트 주에 있는 벌링턴이라는 도시에서 태어났다. 그의 아버지 아치볼드 듀이^{Archibald S. Dewey}는 식료품 상점을 경영했는데, 집안이 아주 부유하지는 않았으나 그렇다고 해서 가난한 편도 아니었다. 어린 시절 듀이는 책을 사서 읽기 위해 여러 가지 아르바이트를 했다. 이런 경험은 듀이에게 평생 근면한 생활을 몸에 익히게 했는데, 듀이는 은퇴 후에도 닭을 기르면서 달걀을 배달하는 일을 했다고 한다. 당시 듀이는 자신이 기르는 닭이 낳은 달걀을 직접 여러 별장에 배달했는데, 나중에 존 듀이의 이름으로 서명된 청구서를 받은 귀부인들은 자신들이 만나보고 싶어 했던 저명한 철학자가 작업복 차림의 달걀 장수였다는 사실을 알고는 얼굴을 붉혔다는 일화도 있다.

듀이는 열다섯 살 때 고등학교를 졸업하고 버몬트 대학에 입

학해서 1879년에 졸업한다. 거기서 듀이는 다윈의 진화론에 영향을 받은 헉슬리^{Thomas. H. Huxley, 1825~1895}의 책을 교재로 하는 생리학 강좌를 들었는데, 그때부터 철학적인 문제에 깊은 관심을 갖게 되었다고 한다. 대학을 졸업한 후 듀이는 펜실베이니아 주의 고등학교에서 약 2년 반 동안 학생들을 가르치다가 고향에 돌아와 잠시 초등학교 교사를 하기도 했다. 당시 듀이는 대학 은사였던 토리 교수의 지도로 철학책을 읽으면서 쓴 철학 논문을《사변철학^{The Journal of Speculative Philosophy}》이라는 학술 잡지의 편집장인 해리스에게 보냈는데, 해리스는 듀이에게 철학을 본격적으로 공부할 것을 권했다.

1882년 듀이는 당시 미국에서 유일하게 대학원 과정을 운영했던 존스홉킨스 대학에 입학한다. 거기서 듀이는 헤겔의 관념론을 가르치고 있던 모리스^{George S. Morris}와 심리학을 가르치던 홀^{Stanley Hall}에게서 학문적인 영향을 받게 된다. 모리스는 듀이가 졸업하자 미시간 대학에 강사로 취직하게 도와주었는데, 1889년 모리스가 사망했을 때는 듀이가 그가 맡았던 분야의 교수 겸 학과장이 된다. 그러나 이 시절에 듀이에게 가장 큰 영향을 준 사상가는 관념론자인 모리스가 아니라 프래그머티스트인 제임스였다. 듀이는 제임스가 쓴《심리학의 원리》로부터 큰 영향을 받았음을 고백하면서 제임스의 심리학이 자기 사상의 '정신적 조상'이라고 말한 적이 있다.

듀이는 1894년 시카고 대학의 철학, 심리학, 교육학 과정을 합친 학부장으로 옮기면서 시카고 대학에 자신의 교육철학을 실현해볼 수 있는 '실험학교'를 설립하게 된다. 이 학교는 듀이가 시카고 대학을 떠날 때까지 약 7년 반 동안 운영되었는데, 여기서 듀이는 '학교 안에서의 민주주의'라는 자신의 교육사상을 만들어가게 된다. 듀이는 터프츠[James H. Tufts, 1862~1942], 미드[George H. Mead, 1863~1931] 등의 학자와 더불어 시카고 학파를 만들게 되는데, 제임스는 이들을 가리켜 '진정한 사고'를 가진 '진정한 학파'라고 칭찬했다고 한다.

1904년 듀이는 시카고 대학을 떠나 뉴욕에 있는 컬럼비아 대학의 교수가 된다. 거기서 그는 1930년 71세로 은퇴할 때까지 활동하면서 철학자, 교육자, 저술가, 사회비평가로서 세계적으로 이름을 날리게 된다. 그는 전 세계를 다니면서 강연을 했는데, 1919년에는 일본에서, 1919년부터 1921년까지는 중국에서 강연을 하기도 했다. 당시 듀이는 일본 정부가 주는 훈장을 일본이 비민주주의적인 국가라는 이유로 받지 않았고, 베이징 대학

듀이가 터프츠, 미드 등과 함께 결성한 시카고 학파

에서 강연을 할 때는 '제2의 공자'라는 찬사를 받기도 했다.

듀이는 은퇴 후에도 활발한 활동을 했는데, 아마도 사회 참여에 가장 적극적이었던 철학자였다고 해도 지나친 말이 아닐 것이다. 듀이는 미국의 '교원조합'과 '미국대학교수협회'를 조직하기도 했고, 진보적인 정책을 내세우는 정당을 적극적으로 지지하기도 했다. 자본주의의 문제점을 고쳐 나가야 한다고 주장한 듀이는 옛 소련을 직접 방문하고 인상기를 쓰기도 했으며, 자신의 정치적 입장을 '사회민주주의'라고 부르기도 했는데, 이런 입장은 네오프래그머티스트인 로티에게 많은 영향을 주었다.

듀이는 90세가 넘은 나이에도 건강했으며, 92세 때도 산보를 즐기고 타이프를 치기도 했다고 한다. 그는 1952년 두 번째 부인인 로버타가 지켜보는 가운데 세상을 떠났다. 제임스는 유복한 가정에서 태어났지만, 건강이 좋지 않아서 고생을 했고, 퍼스는 좋은 집에서 비상한 두뇌를 가지고 태어났지만 사교적이지 못하고 고집스러운 성격 때문에 외로운 인생을 살았다면, 듀이는 일평생 건강하게 많은 사람들의 사랑을 받고 생을 마쳤다는 점에서 개인적으로 가장 행복한 삶을 살았던 프래그머티스트였다고 할 수 있다.

지식은 문제 해결의 도구

듀이는 제임스와 퍼스의 프래그머티즘을 미국의 철학으로 자리잡게 한 철학자로서 미국의 철학계뿐만 아니라 미국의 지성인을 대표하는 인물로 잘 알려져 있다. 제임스가 개인의 심리를 주요한 철학적 주제로 삼은 반면 듀이는 사회 심리에 관심이 있었고, 퍼스가 과학적인 방법론의 문제에 관심을 가졌다면, 듀이는 인간의 도덕과 정치에 관심을 가졌던 도덕철학자이자 사회철학자였다.

듀이는 자신의 사상을 도구주의 또는 실험주의라고 했는데, 우리가 처음에 살펴본 대로 이런 용어는 오해의 소지가 있지만 다윈에게서 영향을 받은 자연주의적인 관점을 뜻하는 것으로 해석하면 큰 무리가 없을 것이다.

듀이 사상의 전반적인 특징은 도구주의적 관점을 과학적 탐구의 영역에서뿐만 아니라 사회적, 도덕적, 정치적인 영역에 이르기까지 폭넓게 적용하고 있다는 점이다. 우리는 곤란한 문제에 부딪혔을 때 그 문제를 어떻게 해결할 것인지 생각한다. 이렇게 생각을 통해서 문제를 풀려고 하는 것은 인간이 가진 특징이라고 할 수 있다. 위험한 상황에 부딪힌 동물들은 일단 본능적으로 반사적인 행동을 보인다. 인간이 생각을 한다는 것은 동물들이 환경에 적응하기 위해서 본능적으로 반응하는 것과 근본적으로 다르지 않다. 인간도 환경에 적응하기 위해서 환경에 대해 반응을 보이는데 그것이 '생각'이라는 것이다. 이렇게 보면 인간이 생각한다는 것, 인간의 지식, 이론, 학문 같은 것들은 모두 인간 자신이 처한 환경에 적응하기 위한 수단이라고 할 수 있다.

진리는 '보증된 주장가능성'

　우리는 예상치 못한 상황에 부딪히면 마음이 불안해진다. 라면을 끓여 먹으려고 가스 불을 켰는데 '펑' 하는 소리만 나고 불이 켜지지 않는다거나, 친구를 기쁘게 해주려고 선물을 주었는데 친구의 표정이 오히려 어두워지면 얼마나 마음이 불안하겠는가? 이런 상황을 문제 상황이라고 할 수 있는데, 이때 우리는 생각을 통해서 문제 해결의 실마리를 찾으려 한다. 듀이의 도구주의란 이렇게 인간이 생각을 한다는 것을 문제 해결의 도구로 보고, 문제를 해결하는 과정을 탐구로 보는 관점이라고 할 수 있다.

　듀이의 이런 도구주의적 관점은 우리가 이미 앞에서 살펴본 제임스나 퍼스의 과학 방법론과 비슷하지만 약간 차이가 있다. 제임스는 탐구가 심리적 긴장 상태에서 시작해서 새로운 신념의 상태, 즉 심리적으로 만족할 만한 결과를 얻게 되면 끝난다고 보았는데, 듀이는 단지 개인의 심리적인 상황뿐만 아니라 현실적인 상황까지도 바꾸는 데서 탐구가 끝날 것이라고 보았다. 듀이가 탐구 과정에서 관심을 가진 것은 개인의 심리적인 만족이나 개별적인 문제 상황의 해결이 아니라 사회를 전체적으로 더 나은 쪽으로 발전시킬 수 있는 지식을 산출하는 것이었다. 또한 퍼스는 탐구가 '의심'에서 출발한다고 본 반면에 듀이는 '문제 상황'에 직면해서도 탐구가 시작되며, 그런 문제 상황을 해결하기 위해서는 여러 사람의 협동적인 노력이 필요하다고 생각했다.

　인간이라는 유기체가 환경에 적응해가는 모든 과정을 듀이는 경험이라고 한다. 여기에는 인간이라는 생물이 자연환경과 만난다는 생물학적 의미, 인간이 탐구를 통해 환경을 바꾼다는 과학적 실험의 의미, 그리고 행위의 결과를 통해 우리의 개념이 분석될 수밖에 없다는 퍼스의 의미론적인 의미 등이 모두 포함되어 있다. 그래서 듀이에게 있어 문제 상황으로부터 출발해 그 해결까지 이르는 탐구의 과정은 과학의 영역에만 국한되지 않는다. 이런 탐구 과정은 인간이 생각을 통해서 문제를 해결하려 하는 모든 영역에서 일어난다고 할 수 있다. 말하자면 생각을 통해 문제를 해결하려는 탐구 노력은 과학에서뿐만 아니라 도덕 영역이나, 정치적인 영역에서도 끊임없이 이루어지는 것이다.

탐구가 성공적으로 이루어졌을 때 우리는 문제 해결을 위한 지식을 얻게 된다. 철학자들이 진리라고 말해왔던 것이 사실은 이렇게 불안정한 환경에 적응하기 위한 문제 해결의 도구에 불과한 것이라고 듀이는 생각한다. 진리가 문제 해결을 위한 도구를 의미한다면 그것은 절대적이거나 영원한 것일 수는 없을 것이다. 왜냐하면 우리가 풀어야 할 문제도 그때그때 달라질 것이고 문제가 같더라도 그 문제의 해결이 상황에 따라 달라져야 할 경우도 있을 것이기 때문이다. 그래서 듀이는 진리라는 말 대신에 보증된 주장가능성^{warranted assertibility}이라는 용어를 사용하자고 제안했다. 이 말 속에는 진리가 개인적인 관점에서뿐만 아니라 사회가 유용하다고 인정한 것을 포함해야 한다는 의미가 들어있다. 우리가 참이라고 생각하는 것은 나중에 참이 아닌 것이 될 수도 있으며, 그것은 늘 행동과 실천을 통해 끊임없이 검토되고 수정될 수밖에 없다.

듀이는 인간이 생각을 통해서 문제를 해결해나가는 과정이 인

간이 환경에 더 잘 적응함으로써 더 나은 삶의 단계로 나아가는 진보의 과정이라고 생각했다. 문제 해결의 과정에서 우리는 가설을 실험을 통해 검증하는 과학적인 방법을 사용해야 한다. 만약 그 문제가 사회적인 문제라면 그 문제를 풀기 위한 우리의 노력은 제안된 의견을 둘러싸고 여러 사람들이 토론을 벌이는 민주주의적인 방식으로 나타날 것이다. 또한 이런 노력들은 문제를 감정이나 힘으로 푸는 것이 아니라 생각을 통해 푼다는 점에서 지성적인 방식이라고 할 수 있다. 그래서 듀이에게 있어 과학적인 방법과 민주주의적인 방식 그리고 지성적인 방식은 서로 다른 방식이 아니라 문제 해결의 동일한 방식을 일컫는 말이다.

인간 사회를 좀 더 나은 방향으로 진보시키는 것이 바로 탐구의 목표이고 지성의 역할이라고 할 수 있다. 듀이의 생각엔 인간의 삶에 기여하지 않는 진리나 지식은 아무 쓸모도 없는 것이다. 어떤 철학자가 우주의 진리를 깨달았다고 한들 그것이 우리의 삶을 위해서 아무것도 해주지 않는다면 무슨 소용이 있겠는가? 듀이는 영원불변의 진리를 발견했다고 주장하는 것보다 우리의 현실적인 삶에 구체적인 도움을 주는 지성이 중요하다고 생각했고, 그것을 창조적 지성*이라고 불렀다.

이런 생각은 분명히 다윈주의의 영향을 받은 것이라고 볼 수 있다. 자연과학적 탐구가 자연에 더 잘 적응하려는 인간의 지적인 노력이라면, 이런 노력은 사회적인 영역

듀이가 말하는 창조적 지성이란 우리로 하여금 미래의 계획을 세우고 그것을 실현하기 위한 수단을 제공해주는 지성을 뜻한다. 미리 정해져 있는 인간의 본질이나 운명 같은 것은 존재하지 않으며 미래는 우리가 만들어나가야 하는 것이라고 그는 생각했다.

에서도 마찬가지로 이루어져야 한다. 듀이가 창조적 지성의 역할을 강조하는 것은 과학적 문제 해결 방법을 사회에 적용하여 사회를 개혁해나가야 한다고 생각했기 때문이다. 여기서는 이론과 실천 영역이 뚜렷하게 구분되지 않는다. 전통적으로 철학자들은 이론이 순수한 진리를 탐구하는 것이고 실천은 이론적 탐구 결과를 적용하는 문제라고 생각했지만, 듀이는 처음부터 실천과 분리된 이론적 탐구는 가능하지 않다고 생각했다. 이론적인 참과 거짓은 오로지 실천적인 결과에 의해서만 가려질 수 있다.

준호는 어떻게 배고픔을 해결할 것인가?

듀이의 입장은 흔히 도구주의, 실험주의, 조작주의 등의 이름으로 불린다. 이런 명칭은 함께 사용된 단어들이 다소 부정적인 뉘앙스를 가지고 있기 때문에 오해를 불러일으키기도 한다. 듀이의 생각은 다른 프래그머티스트들과 마찬가지로 우리가 무엇을 알고자 한다면 머릿속으로만 따져보지 말고 직접 행동으로 실천해보라는 것이다.

우리는 문제 상황에서 탐구를 통해 해결책을 찾는다. 우리의 지식은 그런 탐구를 통해 얻어진다. 그리고 이런 탐구 과정에서 우리는 여러 가지 생각을 하게 된다. 우리가 무엇을 생각할 때는 반드시 일정한 규칙을 따르게 되어 있다. 예를 들어 준호, 진영, 내가 사과를 각각 하나씩 가지고 있는데, 준호의 사과가 진영이

의 사과보다 크고 진영이의 사과가 내 사과보다 크다는 사실을 내가 알았다면, 나는 준호의 사과와 내 사과를 비교해보지 않아도 당연히 준호의 사과가 내 사과보다 크다고 결론을 내려야 한다. 이런 것을 사고의 논리적인 규칙이라고 할 수 있다. 이런 사고의 규칙을 다루는 학문을 논리학이라고 한다.

전통적으로 철학자들은 논리학이 우리가 생각할 때 반드시 따라야 하는 형식적인 규칙을 다루기 때문에 경험적인 내용 없이도 논리학을 연구하는 데 아무런 문제가 없다고 생각했다. 예를 들어, 'A는 A이다'라는 문장은 동일률이라고 하는 사고의 규칙을 나타내는 문장이다. 이 문장이 참인지 거짓인지 알기 위해서 우리가 무엇을 경험할 필요는 없다는 것이다. 그렇지만 듀이는 논리학이 이렇게 형식적인 사고의 규칙만을 다루는 학문이라고 생각하지 않았다. 그리고 듀이는 우리가 따라야 하는 생각의 규칙이 경험과 무관하게 얻어질 수 있다고 생각하지 않았다. 우리가 어떻게 생각해야 하는가를 찾아내기 위해서 그는 실제로 사람들이 어떻게 생각하고 있는지를 살펴보고 거기서 성공적인 탐구 방법과 그렇지 않은 방법을 가려내야 한다고 주장한다. 이렇게 탐구 과정과 생각하는 방법은 서로 연결되어 있어서, 우리가 먼저 생각하는 방법을 알고 있고, 그것을 나중에 경험적인 탐구 과정에 적용하는 것은 아니라는 것이 듀이의 생각이다.

듀이는 진화론적인 관점에서 인간의 사고와 지식을 인간이 환경에 적응하기 위한 도구라고 보았다. 인간이 환경과 만나면서 이루어지는 모든 교섭 과정이 경험이다. 경험을 통해서 인간은 환경을 변화시키기도 하고, 또 스스로를 바꾸기도 한다. 인간이 무엇을 탐구한다는 것은 그런 환경과 인간이 서로 어떻게 연결되어 있는지를 파악하는 것이다.

우리가 앞에서 살펴본 퍼스는 탐구가 의심에서 시작되며 믿음으로 끝난다고 보았다. 그리고 퍼스는 이런 믿음이 행동의 습관을 낳는다고 했다. 탐구에 대한 듀이의 생각은 이러한 퍼스의 견하에서 많은 영향을 받았다. 그러나 듀이는 탐구가 꼭 어떤 의심스러운 문제가 발생했을 때뿐만 아니라 일상생활에서 항상 일어나는 일이라고 보았다. 듀이의 입장에서 보면 삶은 문제를 해결하나가는 과정이고 따라서 우리는 언제나 탐구의 과정에 있다고 할 수 있다. 그러므로 듀이가 '탐구'라는 단어를 사용할 때 그것이 꼭 자연과학적인 탐구를 의미한다고 생각할 필요는 없다.

듀이는 모든 탐구에는 일정한 패턴이 있다고 생각하고 그것을 다음과 같이 단계적으로 설명했다.

1 **탐구의 선행 조건** 불확정적인 상황을 말한다. 이것은 의심스러운 상황을 일컫는데, 여기서 의심스럽다는 것은 주관적인 것이 아니라 우리가 처해 있는 환경에 대해 어떻게 반응해야 할 것인지 결정해야 하는 상황이라는 것을 뜻한다.

2 **문제의 대두** 어떤 상황인지 인식되어 문제를 설정하게 되는 단계다. 문제를 분명히 한다는 것은 문제가 무엇인지를 인식하고 그것을 탐구하기 위한 첫 번째 과정이다. 문제는 불확정의 상황을 확정 상황으로 바꾸는 데 도움이 된다.

3 **문제와 그 해결에 대한 확정** 문제를 분명히 함으로써 가능한 해결책을 찾게 된다. 여기서 가능한 해결책은 아이디어 형태로 나타난다.

4 **추론** 아이디어의 의미를 서로 관련시켜봄으로써 어떤 해결책이 좋을지 생각한다.

5 **사실의 의미가 가지고 있는 조작적 성격**　관찰된 사실과 아이디어는 둘 다 조작적인 의미를 갖는다. 관찰된 사실은 증거로서 이용해야 하고, 가정된 사실은 테스트하고 증명해야 한다.

6 **상식과 과학적 탐구**　상식과 과학적 탐구는 모두 동일한 패턴을 가지고 있다. 양자는 방법이나 논리에서 다른 것이 아니라 다루는 주제가 다를 뿐이다.

이 중에서 상식과 과학적 탐구가 본질적으로 다르지 않다는 것을 말하는 6번을 제외하면, 1번부터 5번까지는 실제로 탐구 과정에서 일어나는 일의 순서를 제시한 것으로 볼 수 있다. 우리가 문제의 상황에 부딪혔을 때 문제를 어떻게 해결해서 듀이가 말하는 '보증된 주장가능성'을 얻는 단계로 나아가는지 간단한 예를 통해 생각해보자.

1 탐구의 선행 조건 | 어느 날 학교에서 집으로 돌아온 준호는 집에 아무도 없다는 사실을 발견한다. 물을 마시려고 냉장고 문을 열던 준호는 냉장고 문에서 다른 식구들이 모두 외출해서 늦게 돌아오니 저녁을 알아서 해결하라는 엄마의 쪽지를 발견한다. 저녁이 되려면 몇 시간이나 남아 있었고 평소에 식구들의 잔소리를 듣지 않고 컴퓨터 게임을 실컷 하고 싶었던 준호는 오히려 잘되었다고 생각한다. 그래서 준호는 망설임 없이 컴퓨터 앞에 앉아 좋아하는 게임에 몰두했다. 저녁이 될 때까지 준호에게는 아무런 문제가 없었다. 그러나 저녁식사 시간이 되자 준호는 슬슬 배가 고프기 시작했다. 이제 준호는 계속해서 컴퓨터 게임에

만 몰두하고 있어서는 안 되는 상황에 돌입한다. 배에서 전해 오는 꼬르륵 신호는 준호에게 뭔가 대책을 세울 것을 강력하게 요구하고 있다.

2 문제의 대두 | 그러나 준호는 냉장고 문을 열어 무엇이 있는지 확인하기 전까지는 여전히 자기 앞에 어떤 문제가 놓여 있는지 몰랐다. 배고픔을 잊고 게임에 몰두할 만한 상황이 아니라고 판단한 준호는 컴퓨터 책상에서 일어나 냉장고로 갔다. 찬밥이라도 꺼내 계란 볶음밥이나 해 먹을까 하는 생각을 하면서 냉장고 문을 연 준호는 결국 그 안에 있는 음식이란 자신이 제일 싫어하는 오이를 비롯해서 양파, 파 같은 채소 몇 조각이 전부임을 발견한다. 거기에는 달걀이나 두부, 어묵 같은 것도 없었고, 얼린 식빵 조각조차 하나도 남아 있지 않았다. 만만한 라면도 그날따라 한 봉지도 발견할 수 없었다. 준호는 주린 배를 움켜잡고 이렇게 아무것도 남겨두지 않고 외출해버린 식구들을 원망했지만 그런다고 해서 배고픔이 해결되지는 않는다는 것을 잘 알고 있었다. 준호는 스스로 배고픔을 해결해야 한다는 문제에 부딪혔다.

3 문제와 그 해결에 대한 확정 | 그런데 요즘이 어떤 세상인가? 전화 한 통화만 하면 피자나 치킨은 말할 것도 없고, 보쌈, 족발 같은 것도 얼마든지 배달되는 세상이 아닌가. 준호는 혼자서 그런 것을 시켜 먹기는 좀 부담스럽다고 생각해서 간단하게 자장면을 시켜 먹기로 결심했다. 준호의 문제는 이렇게 의외로 쉽게 해결되는 것 같았다. 준호는 냉장고 옆에 붙어 있는 중국음식점

의 판촉용 병따개에 적혀 있는 전화번호를 보고 전화를 걸려고 했다. 그런데 준호의 머릿속에 갑자기 불길한 생각이 스치고 지나갔다. 마침 용돈이 똑 떨어졌다는 사실을 깨달은 것이다. 전화를 걸려다 말고 준호는 안방에 들어가 돈이 있을 만한 곳을 뒤졌지만, 유감스럽게도 천 원짜리 한 장 발견할 수 없었다. 준호는 다시 부엌으로 돌아와 먹을 것을 필사적으로 찾기 시작했지만 준호는 밥을 지을 수 있는 약간의 쌀과 김치 외에는 아무것도 발견할 수 없었다.

준호는 이제 자신의 문제가 무엇인지 좀 더 명확하게 알 수 있게 되었다. 준호는 돈 없이 자장면을 시키는 모험을 하거나, 한 번도 시도해보지 않은 밥 짓기에 도전하는 것 말고는 자신의 배고픔을 해결할 방법이 없다는 것을 깨닫는다.

4 추론 | 준호에게는 일단 두 가지 해결책 모두 쉬워 보이지는 않는다. 모두 실패할 가능성이 있는 아이디어이므로 준호로서는 신중하게 선택해야 한다. 그러나 배고픔이 도저히 참을 수 없는 지경까지 이르렀으므로 앉아서 고민만 하고 있을 상황도 아니다. 그래서 준호는 각각의 아이디어가 어떤 결과를 가져올지에 대해 하나씩 생각해보기로 한다. 먼저 중국음식점에 음식을 시키고, 배달하러 온 형에게 상황을 설명하고 외상으로 해달라고 사정하는 것을 상상해본다. 준호는 이 방법이 별로 통할 것 같지 않았다. 일단 준호가 알기로는 음식을 배달하는 형이 그다지 상냥하지 않았다. 잘못하면 욕을 듣거나 한 대 얻어맞을지도 모른다. 설사 겉보기와 달리 배달하는 형이 마음씨가 고와서 외상으

로 자장면을 준다고 해도 그렇게 배고픔을 해결해야 하는 자신의 모습을 상상하니 왠지 처량한 느낌이 들었다. 다른 하나는 용감하게 밥 짓기에 도전하는 것이다. 쌀을 씻는 것은 그리 어려울 것 같지 않았다. 그렇지만 엄마가 평소에 사용하는 전기밥솥을 보니 버튼이 여러 개여서 뭐가 뭔지 모르겠다. 그래도 준호는 밥을 짓는 일이 전혀 불가능할 것 같지는 않았다. 대충 버튼을 눌러 설정하고 기다리면 맛있는 밥은 아니더라도 대충 쌀이 익기는 할 것이라고 생각한다. 설사 실패하더라도 그런 실패의 경험이 다음번에는 도움이 될 수도 있겠고, 만약에 성공해서 맛있는 밥을 먹게 된다면 배고픔을 해결할 수 있을 뿐만 아니라 식구들에게 나중에 큰소리를 칠 수도 있을 것 같았다. 엄마는 다 컸다고 대견해할지도 모른다.

5 사실의 의미가 가지고 있는 조작적 성격 | 이제 준호는 아이디어를 서로 비교해서 어떤 해결책이 좋을지를 생각했다. 한 번도 해본 적은 없지만 직접 밥 한번 지어보기로 한 것이다. 평소에 어머니가 밥 짓는 것을 눈여겨보지 않은 것이 좀 후회가 되기는 했지만, 쌀을 대충 씻어서 전기밥솥에 넣고 그럴듯하다고 생각되는 버튼을 눌러 설정을 마쳤다. 준호는 이제 밥이 되기를 기다리기만 하면 된다.

배고픔이라는 문제를 해결하기 위한 준호의 탐구 과정은 이제 끝이 났다. 준호는 어떻게 배고픔을 해결할 것인가 하는 불확정의 상황에서 행동을 결정하게 되는 확정 상황으로 나아갔다. 이

런 과정에서 우리가 주목해야 할 것은 두 가지다. 하나는 문제 해결 과정에서 꼭 하나의 답을 찾을 필요는 없다는 것이고, 다른 하나는 문제 해결 과정에서 고려하는 사실이나 아이디어들은 모두 문제 해결을 위한 도구 역할을 한다는 점이다.

이런 탐구 결과 우리는 어떤 아이디어 혹은 가설이 문제를 해결해줄지 알 수 있게 된다. 중국음식점 배달원의 마음이 너그럽지 않으면, 돈 없이 배달시켰을 경우 배고픔을 해결하기는커녕

욕만 배불리 먹을 수도 있다. 반면에 밥을 직접 지어보니 그리 어려운 일이 아니라는 사실을 준호가 발견하게 될 수도 있다. 그래서 비슷한 상황에 처하게 되었을 때 준호는 '밥을 직접 지어먹는다'는 해결책을 답안으로 삼을 수도 있을 것이다.

이런 결론이 우리가 앞에서 살펴본 듀이의 '보증된 주장가능성'으로서의 진리의 개념이다. 준호는 밥을 짓다가 실패할 수도 있기 때문에 그 답안이 언제나 문제를 해결해준다고 볼 수는 없다. 이것은 곧 '보증된 주장가능성'이 오류의 가능성을 안고 있는 개념이라는 것을 말해준다. 그렇지만 비슷한 경험을 반복해서 하다 보면, 준호는 결국 밥을 잘 지을 수 있게 될 것이다.

즉, 축적된 경험을 통해서 얻은 답은 그만큼 신뢰할 만한 답이 된다는 것이고, 탐구란 이렇게 환경에 적응해가는 가운데 더 나은 해결책을 찾아가는 과정이라는 것을 알 수 있다.

프래그머티즘과 민주주의

탐구의 과정이 문제 해결 과정이라고 보는 듀이의 관점에서는 순수한 이론적인 문제를 가지고 고민하는 것은 바람직하지 않다. 이론은 실천을 전제로 하거나 실천적인 문제 해결에 도움을 주어야 한다. 듀이는 탐구의 논리를 우리의 삶에서 일어나는 모든 문제 영역에 적용하려고 했다. 사회적인 문제를 해결할 때도 앞에서 살펴본 탐구 패턴은 그대로 적용될 수 있다.

듀이가 말하는 '보증된 주장가능성'이란 사람들이 반복해서 어

떤 문제를 해결하려고 노력하면서 얻게 된 탐구의 결론이다. 이런 결론을 얻게 되기까지는 여러 사람들의 시행착오가 있었을 것이다. 그런 시행착오 끝에 대부분의 사람들이 동의할 수 있는 결론을 얻게 된다. 이런 탐구의 과정은 많은 사람들이 문제 해결을 위한 다양한 의견을 제시하고 실천을 통해서 그것을 검증해본다는 점에서 민주주의적인 의사결정 과정을 포함하고 있다.

우리가 탐구를 통해 문제를 해결하려고 하는 이유는 결국 더 나은 환경에서 살고자 하기 때문이다. 사회적인 문제를 해결하고자 하는 것도 결국은 마찬가지다. 듀이는 정치적인 문제 역시 더 나은 사회를 만듦으로써 더 잘살고자 하는 것이라고 보고 있다. 듀이는 당시 미국의 상황에서 가장 바람직한 정치 제도가 민주주의라고 생각했다. 듀이는 〈민주주의의 윤리 The Ethics of Democracy〉 (1888)라는 논문에서 민주주의를 왜 옹호해야 하는지를 밝히고 있다.

듀이는 민주주의를 비판하는 관점에 대해 하나씩 답함으로써 민주주의란 무엇인지 설명한다. 먼저 민주주의에 대한 가장 흔한 비판으로서 민주주의는 다수의 지배, 수적으로 우세한 사람들이 나머지 사람들을 지배하는 것에 불과하다는 주장을 생각해볼 수 있다. '민주주의' 하면 머리에 떠오르는 개념은 다수결의 원칙이다. 다수결이란 의견이 다를 때 문제를 해결해주는 민주주의적인 방식이지만, 단순히 수적인 차이에 의해서 옳고 그름을 판단해버릴 수 있다는 위험을 안고 있다. 귀족주의자들은 그 다수가 만일 어리석은 사람들이 모인 다수를 의미한다면 사회 전체가 위험에 빠지게 될 것이라고 비판한다.

그러나 듀이에 의하면 다수결에 대한 이런 우려는 사회와 인간을 잘못 보고 있기 때문에 발생한다. 민주주의를 다수의 지배라고 보는 사람들은 사회가 그저 각 개인이 모여 이루어진 것으로 잘못 보고 있다는 것이다. 말하자면 비사회적인 개인들이 모여서 사회를 이루었다고 볼 때 그런 생각이 가능하다. 그러나 비사회적인 개인이란 우리가 단지 머릿속으로 상상해낸 존재일 뿐이다.

인간은 처음부터 사회적인 존재다. 이런 관점을 듀이는 '사회적 유기체'라는 말로 표현하고 있다. 사회와 개인은 서로 별개의 존재가 아니라 처음부터 밀접하게 연관되어 있는 하나의 유기체라는 것이다. 사회를 이런 관점에서 보면 투표를 한다는 것은 비인격적인 개인들의 숫자놀음이 아니라, 사회의 구성원들이 그 사회의 어떤 경향을 표현하는 것이다. 개인의 투표권과 다수결이라고 하는 민주주의의 제도에서 주목해야 할 것은 그 결과가 아니라 과정이다. 듀이는 민주주의적인 투표 과정에서는 다수파와 소수파가 서로 밀고 당기는 싸움을 하면서 전체 국민의 평균적인 의견을 반영할 수 있을 때까지 조정을 거친다고 말한다. 이 과정에서 소수는 다수만큼 큰 역할을 하게 된다. 그리고 다수는 지배 수단을 획득하려고 노력하면서 지배할 자격을 갖추어나가게 된다. 이렇게 보면 개인의 투표는 결국 사회라는 전체적인 유기체의 의견을 반영하는 행위라고 할 수 있다.

사회와 개인이 유기적인 관계를 맺고 있다고 보는 관점에서 사회는 개인을 위해서, 그리고 개인에 의해서 존재한다고 할 수 있다. 개인이 전체 유기체의 정신과 의지를 구현하는 존재이기 때문이다. 듀이는 이런 점에서 민주주의가 가장 안정된 정부 형태라고 말한다. 민주주의적인 정부는 서로 대립적으로 설정된 사회의 계급이나 입장을 대변하는 것이 아니라 정치 사회의 모든 구성원에 의해서 구성되기 때문이다.

듀이가 민주주의 정치를 귀족주의 정치에 비해 우월하다고 주장하는 근본적인 이유는 무엇보다도 민주주의 정치가 윤리적으로 우월하다는 데 있다. 여기서 윤리적으로 우월하다는 말은 민주주의가 사회 구성원의 개성을 최대한 보장해주는 정치 제도라는 것을 의미한다. 귀족주의 정치나 민주주의 정치 모두 가장 바람직한 사회를 만들어야 한다는 목표를 가지고 있다. 그 점에 있어서는 두 정치 체제가 다를 바가 없다. 그러나 가장 바람직한 사회를 어떻게 만들어갈 것인가 하는 수단의 측면에서는 두 체제가 명확하게 구분된다.

귀족주의 정치란 똑똑하고 탁월한 능력을 가진 소수의 사람들이 정치를 해야 한다는 엘리트주의 정치를 말한다. 엘리트주의의 관점에서 보면 다수의 대중은 멍청하다. 그래서 모두를 위해서 무엇을 해야 할지 잘 모른다. 그렇기 때문에 전체의 이익을 위해서는 소수의 똑똑한 사람들이 다수를 올바른 방향으로 인도할 필요가 있다.

듀이는 이런 엘리트주의가 두 가지 점에서 잘못되었다고 비판한다. 첫째는 역사적으로 엘리트주의가 제대로 작동한 적이 없다는 사실이다. 권력을 잡은 소수의 사람들은 언제나 전체의 이익을 내세우면서 사실은 자신들에게 유리한 쪽으로 정치를 했다. 그 이유는 그들이 다수의 욕구와 필요에 대해 잘 알 수 없었거나 자신들의 특권을 지키고 싶어 했기 때문이다.

엘리트주의가 잘못된 둘째 이유는 설사 그런 형태의 정치가 사회와 개인을 최고로 발전시킨다고 하더라도 그 방법이 옳지 않기 때문이다. 사회를 개선하고 개인의 능력을 계발하는 이유는 저마다 더 잘살고 싶어서다. 잘산다는 것은 각 개인이 원하는 삶을 산다는 의미가 포함되어 있다. 아무리 풍족하고 풍요로운 삶을 산다고 하더라도 그것이 다른 사람에 의해서 인도되거나 강제된 삶이라면 우리는 행복하다고 생각하지 않을 것이다. 사회 속에서 어떤 삶을 살 것인가 하는 문제는 전적으로 개인이 스스로 선택하고 결정할 문제다. 엘리트주의는 다른 사람에게 삶의 방식을 강요한다는 점에서 옳지 않다.

듀이의 이런 반엘리트주의적인 관점에는 좋은 의미의 개인주의가 바탕에 깔려 있다. 듀이는 민주주의가 무엇보다도 개인의 책임과 자유에서 시작되어야 한다고 생각한다. 민주주의에서 가장 중요한 것은 바로 개인의 개성이라는 것이다. 민주주의는 사람들이 저마다 가지고 있는 개성을 마음껏 실현하면서 살 수 있는 정치 제도가 되어야 한다.

듀이는 민주주의의 중요한 가치라고 할 수 있는 자유와 평등의 문제도 개성이라는 개념을 통해서 설명하고 있다. 자유란 엘리트주의의 관점에서 보면 단순한 자기주장이나 절제되지 않은 욕망을 뜻할 뿐이지만 민주주의의 관점에서 보면, 개성이 최고의 것이며 유일한 법이라는 사실을 표현하는 것이다. 자유란 모든 사람이 수단이 아니라 그 자체로서 목적임을 뜻하는 윤리적인 개념이다. 평등 역시 모든 사람이 하나의 투표권을 갖는다는 식의 산술적인 개념을 뜻하는 것이 아니라, 모든 개인이 저마다

개성 있는 삶을 살 자격이 있다는 것을 의미한다. 듀이는 이런 개성을 말살하는 귀족정치는 개성에 대한 모독이라고 말한다.

그렇다면 듀이는 이처럼 개인의 개성을 중시하는 민주주의 사회를 어떻게 만들어갈 수 있다고 보았을까? 사회란 여러 개성을 가진 사람들이 서로 갈등하고 대립하는 장소다. 사회적인 갈등이 생겼을 때 그것을 해결할 수 있는 방법은 여러 가지가 있을 것이다. 예를 들면 독재자가 등장해서 문제를 힘으로 해결할 수도 있고, 소수의 엘리트들이 해결책을 만들어 갈등을 조정할 수도 있을 것이다. 듀이가 생각하는 가장 바람직한 방식은 우리가 앞에서 살펴본 탐구의 논리를 적용해서 사회적인 문제의 해결책을 찾는 것이다. 이것은 곧 듀이가 지성적인 해결 방식이 최선의 방식이라고 보았다는 것을 말한다. 듀이는 또한 사회가 민주주의를 실현할 수 있으려면 경제적 민주화가 병행되어야 한다는 것을 지적하고 있다. 듀이는 정치적인 갈등을 조정하고 해소한다고 해서 모든 문제가 해결될 수는 없다는 사실을 잘 알고 있었다. 듀이는 이런 자신의 입장을 사회민주주의라고 했는데, 이런 생각은 리처드 로티에게도 많은 영향을 주었다.

민주주의 제도에서는 갈등을 해결할 수 있는 정책이나 대안이 각 개인들의 사회적인 참여와 협동을 통해서 마련된다. 이런 과정은 가능한 해결책으로 제시된 가설을 사회적인 실천에 의해서 테스트하는 과정으로 볼 수 있다. 여기서 테스트의 주체는 개인이 아니라 유기적으로 결합된 사회다. 이런 사회적 실험을 수행하는 주체를 사회적 지성이라고 할 수 있을 것이다.

듀이가 말하는 민주주의는 과학적 탐구 논리를 사회적 지성에 의해서 적용함으로써 가능하다. 그런 점에서 과학적 방법, 민주주의, 사회적 지성은 서로 밀접하게 연관되어 있다고 할 수 있다. 듀이의 민주주의에 대한 이런 태도는 도그마^{dogma}나 전통에 얽매이지 않고 문제를 해결해나가는 방식으로서의 프래그머티즘을 잘 요약해서 보여준다.

로티, 프래그머티즘의 재발견

대철학자가 된 어린 사회주의자

리처드 로티는 미국 뉴욕에서 태어나 시카고 대학을 졸업하고 예일 대학에서 박사 학위를 받았다. 다른 프래그머티스트들과 마찬가지로 로티 역시 어려서 부모의 영향을 많이 받은 것으로 보인다. 로티의 부모는 미국의 유명한 시사 잡지인 《네이션The Nation》의 편집장을 역임하기도 했는데, 젊은 시절엔 공산당에 가입할 정도의 급진적인 사회운동가들이었다. 로티의 아버지는 듀이가 트로츠키Leon Trotskii, 1879~1940 (옛 소련의 혁명가로서 스탈린이 집권한 후 소련을 떠나 당시 도피 생활 중이었다.) 조사 위원회의 의장을 맡아 멕시코로 갔을 때 동행하기도 했으며, 트로츠키가 스탈린이 보낸 암살자에 의해 암살당한 후 그의 비서 중 한 사람을 집에 숨겨주기도 했다. 미국 공산당이 붕괴된 후 로티의 부모는 트로츠키주의자로 분류되었는데, 로티의 집에는 수많은 사회운동

가들이 모여들었다. 로티는 열두 살에 노동 단체나 사회운동 단
처의 기관지를 배달하는 심부름을 하면서 사회의 부정의에 대항
해 싸우는 것이 인간다운 삶을 사는 것임을 알았다고 고백한다.

　로티는 〈트로츠키와 야생란^{Trosky and the Wild Orchids}〉(1992)이라는
글을 통해 자신이 어떤 환경에서 자라났고, 어떻게 공부를 했는
지 자세히 밝히고 있다. 그런데 이 글의 제목이 로티의 사상을
이해하는 데 중요한 힌트를 준다. 여기에서 트로츠키라는 소련
의 혁명가 이름이 등장하는 이유는 그것이 어떤 개인을 지칭하
는 것이라기보다는 로티의 사회철학적 입장을 상징적으로 나타
내주기 때문이다. 물론 로티가 트로츠키주의자라는 말은 아니
다. 다만 그 이름은 로티가 사회 정의의 문제에 대해 어려서부터
깊이 생각했으며, 그런 생각이 그의 철학에 반영되어 있다는 것
을 상징한다. 앞에서 간단히 소개했듯이 그의 부모는 1940년대
에 미국의 사회 운동가로서 세계 여러 나라의 사회주의자들과
교류했다. 로티는 그런 부모 밑에서 여러 가지 심부름을 하기도
하고, 서재에 꽂혀 있는 책을 읽기도 하면서 자연스럽게 노동 운
동이나 사회주의 운동에 눈을 뜨게 된다. 로티는 나중에 듀이가
사용했던 사회민주주의라는 단어를 자신의 사회철학적 입장에
종종 사용하면서, 고통당하는 자를 위한 연대가 중요한 문제라
고 주장한다.

　한편, 글의 제목에서 '야생란'이라는 단어는 사회적인 관심과
는 별개로 개인의 작은 사소한 취미도 우리가 살아가는 데 무척
중요한 것이라는 로티 사상의 또 다른 측면을 말해준다. 로티의
부모는 뉴욕과 뉴저지 산악 지대를 오가면서 생활한 적이 있는

프래그머티즘의 제2의 전성기를 가져온 로티

데, 그때 로티는 산에 핀 야생란의 매력에 빠져 수십 종류의 야생란이 어디서 자라는지, 라틴어 학명은 무엇인지 줄줄 외울 정도였다고 한다. 로티는 자신의 사상에서 공적인 정의의 문제와 개인이 느끼는 것의 소중함을 모두 중요하게 다루고 있다. 그런 로티의 태도는 어려서부터 부모에게서 받은 영향과 자라온 환경에서 비롯되었다고 할 수 있다.

〈트로츠키와 야생란〉에서 로티는 15세에 플라톤을 읽고 20세까지 플라톤주의자가 되고자 최선을 다했다고 고백하고 있다. 그러나 로티는 더 많은 철학책을 읽으면서 모든 철학자들이 각자 자신의 원리에 기초하고 있으며, 누구에게나 타당한 보편적인 진리에 접근하는 것은 불가능한 것이 아닌가 하고 회의하기 시작한다. 로티가 처음부터 프래그머티스트였던 것은 아니다. 로티가 대학을 다니던 시절에는 모든 철학과에서 분석철학을 가르쳤다. 그래서 로티 역시 철학 교수가 되기 위해서 분석철학을 전공할 수밖에 없었다. 분석철학에서도 탁월한 재능을 보인 로티는 프린스턴 대학에 교수로 임용되기도 한다. 그러나 그는 독일의 유명한 철학자인 헤겔^{Georg W. F. Hegel, 1770~1831}의 《정신현상학 ^{Phänomenologie des Geistes}》(1807)이라는 책을 읽으면서 철학적인 탐구도 역사적인 의미를 가질 수밖에 없다는 것을 깨닫고, 고전적인 프래그머티스트인 듀이에게 관심을 갖기 시작한다. 왜냐하면 헤겔의 그런 교훈을 가장 잘 파악한 철학자가 듀이라고 생각했기 때문이다.

로티가 이러한 철학적인 입장을 가지고 고민하기 시작했을 때 프랑스의 유명한 철학자인 데리다Jacques Derrida, 1930~2004를 만나게 된다. 그는 데리다를 통해서 하이데거Martin Heidegger, 1889~1976를 읽게 되고, 다시 비트겐슈타인Ludwig J. J. Wittgenstein, 1889~1951, 듀이 등의 철학자들에게서 공통적으로 보이는 데카르트주의에 대한 비판에 충격을 받게 된다. 그래서 로티는 기존의 분석철학 논문들과는 전혀 다른 성격의 책을 쓰게 된다. 그것이 바로《철학과 자연의 거울Philosophy and the Mirror of Nature》(1979)이라는 책이다. 이 책을 통해서 로티는 세계적으로 유명한 철학자가 되지만 프린스턴 대학의 교수직은 그만두어야 했다. 왜냐하면 분석철학 전통이 강한 프린스턴 대학에서 분석철학을 정면으로 비판하는 철학자를 수용하기는 어려웠기 때문이다.

로티는 프린스턴 대학을 그만둔 다음 1982년부터 버지니아 대학으로 자리를 옮겨 활동하다가 1998년부터 2007년 췌장암으로 생을 마감할 때 까지 스탠퍼드 대학의 비교문학과에서 재직했다. 로티는 1996년과 2001년 한국을 방문해서 강연을 하기도 했다.

➕ **《철학과 자연의 거울》**

로티는 이 책을 통해서 분석철학의 인식론적인 관점이 우리에게 도움이 될 만한 철학적 논의를 제공해주지 못한다고 비판하고, 지식의 문제에만 매달리는 분석철학보다는 인간 삶의 여러 문제를 다루는 해석학 같은 철학에 눈을 돌릴 것을 제안했다.

프래그머티즘을 다시 살려라

로티가 등장하지 않았다면 아마도 미국의 프래그머티즘이 오늘날처럼 다시 조명을 받는 일은 없었을지도 모른다. 로티는 자신의 입장을 네오프래그머티즘이라고 부르고 있다. 이런 명칭은 제임스, 퍼스, 듀이 등의 고전적인 프래그머티스트들과 시대적인 차이가 있음을 나타내기도 하지만, 로티가 단순히 제임스와 듀이 등의 철학을 재해석하는 데서 그치는 것이 아니라 자신의 독창적인 철학을 만들어내고 있음을 표현하는 것이기도 하다.

로티의 네오프래그머티즘이 세계 철학계에 던진 파장은 적지 않았다. 로티는 철학이라는 학문이 갈수록 전문화되고 세분화되어, 철학을 전공하지 않는 사람들은 점점 접근할 수 없게 되는 상황에서 철학의 폐쇄성을 비판하는 작업을 했다. 로티는 분석철학자로 시작해서 탁월한 논문을 발표하기도 했지만 나중에는 분석철학을 강력하게 비판하기도 했다. 그리고 미국의 철학자로서 제임스와 듀이 등의 프래그머티즘을 계승한다고 밝히면서도 프랑스의 포스트모더니즘과 독일의 철학적 해석학 같은 분야를 자신의 논의 영역 안에 과감하게 수용했다. 분석철학자들이 형식논리학과 과학적 엄밀성이라는 보안 장치를 설치한 연구실 안에서 세상과 담을 쌓고 스스로를 소외시키는 동안, 로티는 상대주의자니 제국주의자니 하는 터무니없는 비난을 무릅써가면서 철학의 새로운 영역을 개척하려고 노력했다.

로티 사상의 특징을 한마디로 표현하라면 반표상주의라고 할 수 있을 것이다. 이것은 플라톤이 말하는 보편적이고 절대적이며 영원히 변치 않는 진리는 존재하지 않는다는 말로 설명할 수 있다. 로티의 이런 반표상주의는 제임스와 듀이, 퍼스 등에게 영향을 주었던 다윈의 자연주의적인 관점에서 비롯되었다. 로티 역시 진화론적인 관점에서 인간을 바라보면서, 인간이 절대적인 진리를 발견할 수 있는 능력을 가진 특별한 존재라는 주장은 근거가 없다고 말한다. 인간이 다른 동물들과 차이가 있다면 언어를 사용한다는 점일 것이다. 그러나 인간이 언어를 사용하게 된 것 역시 우연한 진화의 산물이다. 로티는 이런 식으로 인간과 언어, 그리고 인간의 사회가 모두 우연한 역사적인 산물이라는 관점에서 자신의 철학적 입장을 풀어가고 있다.

로티의 네오프래그머티즘이 주장하는 반표상주의는 기본적으로 이원론적인 세계관을 제일 처음 만들어낸 플라톤의 입장을 거부한다. 플라톤은 우리가 사는 세계가 거짓된 허상의 세계이고, 눈에 보이지 않는 본질의 세계인 이데아의 세계가 참된 세계라고 주장했다.

지금 연습장을 꺼내 동그란 원을 그려보자. 여러분이 아무리 정교하게 원을 그린다고 해도 그 원은 완전한 원은 아닐 것이다. 동전을 대고 원을 그리든, 아니면 컴퍼스를 이용해서 원을 그리든 여러분이 그린 원은 어딘가 오차를 가진 원일 수밖에 없다. 그런데 그것을 원이라고 생각하는 것은 무엇 때문인가? 그것은 여러분이 머릿속에 완전한 원을 상상하고 있기 때문이다. 여러분의 머릿속에 있는 완전한 원은 현실 속에서는 존재할 수 없다. 왜냐하면 연습장에 그리는 순간 그 원은 오차를 갖기 때문이다. 그러면 머릿속의 원은 도대체 어디에서 온 것일까? 플라톤은 그

런 완전한 원을 원의 이데아라고 불렀다. 그리고 이 세상의 모든 것은 각각 자신의 이데아를 모방해서 존재하는 것이라고 생각했다. 그리고 그런 이데아들만이 존재하는 세계가 따로 있다고 믿었다.

플라톤 식으로 세계를 둘로 나누는 순간 우리는 수많은 대립된 개념들을 얻게 된다. 절대적인 것과 상대적인 것, 영원한 것과 덧없는 것, 필연적인 것과 우연적인 것, 본질과 현상 등이 그러한 것들이다. 진리는 당연히 절대적이고, 영원하며, 필연적이고, 본질적인 쪽에 속해 있게 된다. 우리의 몸은 언젠가는 죽어 없어질 것이기 때문에 진리의 영역에 있지 않다. 반면 우리의 정신이나 영혼은 죽지 않는 것이기 때문에 진리의 세계에 속해 있다. 이런 대립 구도 속에서 서양의 지성사를 지배한 하나의 비유가 생겨났다. 그것이 바로 로티가 거울 이미지^{mirror image}라고 부르는 것이다.

'거울 이미지'란 객관적으로 존재하는 대상의 세계 안에 진리가 있으며 우리는 그 진리를 비출 수 있는 일종의 거울 같은 능력을 소유하고 있다는 것을 비유한 말이다. 표상이란 거울에 사물을 비추는 것처럼 우리가 진리를 인식한다는 것을 의미한다. 로티에 의하면 거울 역할은 시대에 따라 바뀌지만 거울 이미지는 그대로 유지되어왔다. 플라톤에게 이 거울은 이데아를 직관하는 이성(플라톤은 이것을 누우스^{nous}라고 불렀다)이었고, 데카르트에게는 마음, 칸트에게는 오성·감성 형식, 그리고 현대의 언어분석철학자들에게는 언어였다. 이 개념들은 모두 객관 세계의 본질적인 질서를 반영하는 일종의 거울이었다.

로티는 이러한 거울 이미지가 단지 하나의 비유였을 뿐인데도 비유로 여겨지지 않은 것이 서양철학사의 불행이라고 생각한다. 거울처럼 진리를 비출 수 있는 능력을 이성이라고 한다면 서양철학사는 이런 이성중심주의 역사라고 할 수 있다.

철학자들이 말하는 진리가 저마다 다르다는 사실을 우리는 철학사를 한 번만 읽어보아도 쉽게 알 수 있다. 철학자들이 공통으로 가지고 있다고 믿었던 거울이 비춘 것은 사실은 자기 자신의 모습이었는지도 모른다. 그들이 한 이야기들은 플라톤의 이데아처럼 모두 초역사적이고, 보편적이며, 절대적인 것이 아니라 지극히 역사적이고, 개별적이며, 상대적인 이야기들로 철학사에 자리매김되고 있기 때문이다.

근대 프랑스 철학자인 데카르트^{René Descartes, 1596~1650}는 《성찰 Meditationes de Prima Philosophia》(1641)이라는 책에서 확실한 지식의 기초를 찾아서 우리의 모든 지식을 그 기초 위에 세워야 한다고 주장한 적이 있다. 그리고 그런 지식의 기초를 인간의 생각할 수 있는 능력인 이성의 확실성에서 찾았다. 이성이 모든 지식의 토대가 될 수 있을 것이라는 이런 믿음은 그 이후 많은 철학자들에게 영향을 주었다. 그렇지만 로티는 이런 생각이 올바르지 않다고 본다. 왜냐하면 우리가 하는 말과 사회적인 실천을 떠나서는 우리가 가진 지식의 참과 거짓을 구분해줄 기준을 찾을 방법이 없다고 생각되기 때문이다. 우리의 지식이 참인 지식으로 정당화되어가는 과정은 철저히 사회적이고 역사적인 과정이다.

지식의 정당화 과정을 사회적 실천과 관련짓는 로티의 관점은 앞에서 살펴본 고전적인 프래그머티스트들의 입장과 비슷하다.

로티는 우선 사실과 가치의 구분을 허물어뜨린다.

그에 의하면 무엇을 옳다거나 그르다고 말하는 것은 사회적 실천을 통해서만 가능하다. 과학적인 지식도 과학자들의 실천을 통해서 판가름이 나고, 선하다거나 악하다는 평가도 사회적인 실천의 맥락에서 여러 사람들에 의해 판정받게 되는 것이다. 이는 물리적 대상에 관한 지식과 정신적인 가치에 관한 지식이 정당화되는 과정은 본질적으로 다를 바가 없다는 뜻이다.

이런 입장을 받아들이면 어떤 자연 사물에 대한 물리학자의 서술이 그 사물에 대한 시인의 서술에 비해 더 객관적인 '본질'에 접근해 있다고 말할 수가 없다. 겨울에 내리는 눈에 대해서 물리학자나 기상학자가 말하는 내용과 시인이 말하는 시 구절은 모두 눈에 관해서 우리에게 무엇인가를 알려준다. 어느 것이 눈을 있는 그대로 보여주는가 하는 것은 올바른 물음이 아니다. 어떤 맥락에서 눈이 다루어지고 있는가 하는 것이 더 중요하다. 눈의 화학적 성질을 알아야 하는데 눈에 대한 시를 읽는 것은 도움이 되지 않을 것이다. 또, 눈을 통해 옛 연인의 잃어버린 추억을 되살려야 하는 상황에서 눈에 대한 기상학자의 지식은 크게 도움이 되지 않을 것이다.

다음과 같은 상황을 생각해보자.

화학선생님 : 준호가 눈의 성질에 대해 조사해 온 것을 한번 발표해
　　　　　　 볼까?
준　　　　호 : 괜찮다면 제가 좋아하는 시를 하나 낭독하겠습니다.

땅과 하늘 사이

봄눈이 그쳤다.

바람은 거리의 행인들을

어디론가 흩어지게 할 때

집안의 창문을 닫으며

어머니는

꽃씨처럼 누워

통통통 봄의 계단 위에

지상의 바람소리를 옮긴다.   김정희, 〈봄눈 내린 뒤〉 중에서

화학선생님 : 좋은 시지만, 네 수행평가 점수는 0점이야.

여자친구 : 어머 눈이 내리네. 눈을 보니까 뭐 생각나는 거 없어?

준　　호 : 눈이란 구름 속의 얼음 결정이 낙하 도중에 녹지 않고, 결
　　　　　정형을 비교적 잘 간직해 지표까지 강하한 것을 말하지.
　　　　　기온이 0℃에 가깝고 강하 도중에 서로 붙어서 결정의 집
　　　　　합을 형성한 것을 눈송이라고 해.

준　　호 : 물론 결정 형태는 온도와 과포화도에 따라 정해지지.

여자친구 : 쳇, 낭만 없어. 우리 그만 만나.

준호의 대답에는 둘 다 잘못된 점이 없다. 다만 대답의 맥락이 서로 어긋났을 뿐이다.

로티의 민주주의 사회

로티는 모든 지식의 참·거짓이 맥락에 의존할 수밖에 없다고 보고 있다. 그런데 모든 지식이나 주장이 이렇게 맥락에 의존할 수밖에 없다면 로티 자신의 입장 역시 절대적인 것이라고 할 수 없을 것이다. 이것은 로티를 공격하는 적들에게는 로티의 이론적인 취약점으로 여겨지기도 하지만, 로티 스스로는 자신의 이론에 독창성을 부여하는 부분이라고 생각한다.

로티의 반대자들은 로티가 이 부분에서 상대주의적인 오류에 빠져 있다고 생각한다. 즉 절대적인 진리는 없다는 그의 주장은

절대적인 진리일 수 없으므로 스스로 진리가 아닌 주장을 하고 있다는 것이다. 그러나 로티는 자신이 그런 유의 상대주의자는 아니라고 주장한다. 로티가 말하고자 하는 것은 이 세상의 모든 지식이 옳을 수도 있고 틀릴 수도 있다는 것이 아니다. 로티는 앞에서 살펴본 고전적인 프래그머티스트들과 마찬가지로 어떤 언경이 참이라고 인정되기 위해서는 사회적인 실천을 통해 많은 사람들에 의해 입증되어야 한다는 것이다. 그러나 그렇게 입증된 지식이라고 해도 언젠가 오류로 드러날 가능성이 전혀 없는 것은 아니다. 이런 태도는 퍼스의 오류가능주의의 입장과도 일맥상통한다. 진리의 문제에 관해 이렇게 오류의 가능성을 열어두는 인물을 로티는 아이러니스트^{ironist}라고 부르고 있다.

아이러니스트라는 단어는 번역하기가 어려워서 그냥 외래어로 쓸 수밖에 없는데, 아이러니는 역설적인 표현이나 풍자, 반어법 등을 의미한다. 예를 들어 소크라테스는 자기가 무지하다고 말하면서 상대방의 무지를 깨우치고 있는데, 이런 것이 아이러니다.

로티가 말하는 아이러니스트는 다른 모든 사람들이 진리라고 말하고 있느냐의 여부보다 자기 자신만의 독창적인 관점을 중시한다. 자신이 궁극적으로 참이라고 믿고 있는 것이 틀릴 수도 있다고 생각하는 아이러니스트는 끊임없이 새로움을 추구하면서 자신만의 독창적인 단어로 자기를 표현해보려 한다. 로티가 말하는 아이러니스트라는 인물을 쉽게 상상할 수 없으면 독창적인 시를 쓰려고 애쓰는 시인을 떠올리면 된다.

로티는 아이러니스트의 독창적인 자기 표현은 철저하게 개인

적이고 사적인 영역 안에서 이루어져야 한다고 생각한다. 만약에 누군가 자기가 옳다고 생각하는 것을 다른 사람에게 강요한다면, 다른 사람의 자율적인 생각을 방해하는 것밖에 안 될 것이다.

로티의 입장에서는 진리를 탐구하는 작업은 시인이 시를 쓰는 것과 같은 것이다. 모든 사람들이 합의할 수 있는 진리란 존재하지 않는다. 저마다 자기가 옳다고 생각하는 일을 하고 있을 뿐이다. 진리를 발견했다고 주장하는 사람이 그것을 남에게 강요하면 조지 오웰^{George Orwell, 1903~1950}의 소설 《1984년^{Nineteen Eighty Four}》에서와 같이 위험한 상황이 벌어질 수도 있다. 그래서 로티는 사회적인 정의를 실현해나가는 문제를 모든 사람이 동의할 수 있는 진리를 찾는 데서 풀어나가서는 안 된다고 생각한다. 진리를 탐구하는 이론적인 작업은 철저하게 사적인 영역에서 이루어져야 하고, 사회 정의를 실현하는 실천적인 일은 공적인 영역에서 대화와 타협을 통해 이루어져야 한다는 것이다.

오웰의 《1984년》은 언어와 역사가 통제되고 성 본능이 억압되며 비인간적인 고문과 세뇌가 횡행하는 악몽 같은 전체주의 사회의 모습을 잘 그리고 있다. 빅브라더^{big brother}가 지배하는 그 사회에서는 자기가 옳다고 생각하는 것을 말할 자유가 없다. 오로지 빅브라더가 옳다고 말하는 것을 따라 해야 한다. 이런 사회에서는 아무도 진정으로 자기 자신이 원하는 것이 무엇이며, 자기가 옳다고 믿는 것이 무엇인지 확신할 수 없다. 만일 내가 옳다고 생각하는 것, 내가 원하는 것이 무엇인지 알 수 없는 상태에서 살아간다면, 내가 나의 삶을 산다고 할 수 없다. 이런 사회는 듀이가 말하는 민주주의의 가장 중요한 요소인 개성을 인정하지 않는 사회다.

　로티 역시 민주주의 사회에서 가장 중요한 것은 개인의 개성이라고 생각한다. 개인의 개성이 말살되지 않게 하려면 진리에 관한 이론이 아니라 고통당하는 사람들을 위한 실천이 필요하다. 만일 누군가가 민주주의 사회를 만들 이론적인 청사진을 들고 나와 거기에 맞춰서 사회를 전체적으로 개조하자고 주장한다면 아마도 오웰의 빅브라더가 지배하는 사회가 만들어질 것이다.

　로티는 사회를 더 나은 방향으로 나아가게 할 수 있는 계몽적인 매체로서 철학 논문보다는 만화, 드라마, 영화, 소설, 시 등이 훨씬 큰 역할을 할 수 있다고 생각한다. 고통당하는 사람들의 상황을 많은 사람들에게 알리고 그런 상황을 개선해나가는 데는 그런 매체가 더 효과적이라고 생각하기 때문이다. 사실, 딱딱한 논문을 써봐야 얼마나 많은 사람이 읽겠는가? 그런데 자신만의 세계 속에서 시를 쓰는 사람들은 냉혹한 현실에서는 아무런 힘이 없다. 시를 쓴다고 해서 돈을 벌 수 있는 것도 아니고 권력을 얻을 수 있는 것도 아니다. 이렇게 힘이 없는 사람들이 자기 목소리를 내면서 살 수 있는 사회가 된다면 그 사회는 살 만한 사회일 것이다. 로티가 생각하는 민주주의 사회는 그렇게 힘없고 약한 시인도 마음 놓고 살 수 있는 사회를 말한다. 그리고 그런 사회를 만들어가는 문화를 문학적인 문화라고 부르고 있다.

자아는 만들어가는 것이다

문학적인 문화를 희망하는 로티의 태도에는 삶의 문제에 대한 몇 가지 철학적 성찰이 근저에 놓여 있다. 먼저 문학적인 문화란 구원적인 진리를 필요로 하지 않는 문화다. 구원적인 진리에 대한 믿음은 덧없는 세상에 살고 있는 우리를 구원해줄 수 있는 어떤 영원한 것이 존재한다는 믿음이다. 이런 믿음을 퍼뜨린 인물은 플라톤의 스승인 소크라테스라고 할 수 있다.

소크라테스가 좋아서 따라다닌 아테네의 청년들도 있었지만 대부분의 청년들은 소크라테스의 문답법을 통해 자신의 무식함이 드러나는 것을 즐겁게 생각하지 않았던 것 같다. 소크라테스는 언제나 상대방에게 논쟁 중인 문제에 대한 사례를 말하지 말고 그 개념 자체를 말하라고 요구한다. 예를 들어 사랑에 대해 대화를 하게 되면 사랑 자체가 무엇인지 말해야지 사랑하는 사람들의 예를 들어서는 부족하다는 것이다. '너 자신을 알라'라는 소크라테스의 말은 자신의 무지를 깨달으라는 말인데, 소크라테스는 처음부터 사랑이 무엇인지 알지 못한다고 하면서 상대방에게 만일 그것을 알고 있으면 말해보라는 식으로 대화를 하고 있는 셈이다. 이런 대화법에 걸리면 어떤 젊은이든 자기가 무식하다고 고백하지 않을 수 없었을 것이다.

소크라테스가 청년들을 타락시켰다는 죄목으로 재판을 받고 옥에 갇혀 있을 때, 간수를 매수한 그의 친구들이 소크라테스에게 탈옥하라고 권했다. 하지만 그가 탈옥을 권하는 친구들에게 끝까지 의연한 모습을 보이면서 죽은 것은, 자신이 평생 말해왔던 진리의 세계가 죽어서야 갈 수 있는 곳이기 때문이었다. 그곳에 진리가 있고 구원이 존재한다. 이러한 구원적인 진리에 대한 생각은 영원하고 절대적이며 변하지 않는 진리를 추구했던 모든 철학자들이 공통으로 가지고 있었던 생각이다. 그런데 이런 구원적 진리가 전제로 하고 있는 것은 우리가 살고 있는 이 세상의 모든 것은 진리가 아니라는 것이다.

이런 생각에 전면적으로 도전하며 등장한 인물이 바로 니체Friedrich W. Nietzsche, 1844~1900다. '신은 죽었다'라고 하는 니체의 외침은 눈에 보이지 않는 본질의 세계란 없다는 것을 폭로하는 것이다. 그런 세계가 없으니 이제 남은 것은 일시적이고, 상대적이며, 우연적인 것들뿐이다. '신은 죽었다'라는 말과 더불어 우리는 이제 이 세상의 온갖 덧없는 것들로부터 저 본질의 세계로 탈출할 길을 봉쇄당한다. 온갖 우연적이며 유한한 것들로 가득한 이 세계

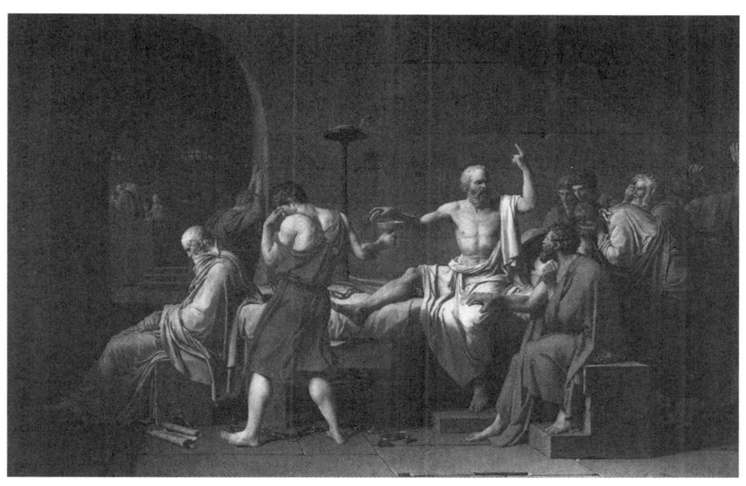

독배를 마시고 죽음을 맞는 소크라테스

에 남겨진 우리가 할 일은 무엇일까? 진리의 세계로 갈 수 없다는 사실 때문에 절망하고 좌절할 수밖에 없는 것일까? 니체의 위대함은 그런 비관적인 관점을 우리 스스로 극복하라고 대담하게 요구하는 데 있다. 니체가 볼 때 현실의 고통은 죽은 다음에 보상받는다고 설교하는 작자들은 모두 사기꾼이다. 눈에 보이지 않는 본질의 세계는 존재하지도 않으므로 우리는 고통을 스스로 극복해나가는 수밖에 없다. 여기서 구원적 진리는 철저히 부정된다. 진리를 발견함으로써 구원에 이른다는 생각 대신에 자신의 진리를 스스로 만들어갈 수밖에 없다고 생각한다는 점에서 로티는 니체주의자라고 할 수 있다. 니체는 이 세계 자체를 한 편의 시라고 생각했다. 로티는 시인이야말로 진리를 만들어내는 사람들이라고 생각한다.

그런데 이렇게 진리를 만들어낸다는 것은 진리가 객관적으로 발견되는 것이 아니라는 것을 전제하고 있다. 이것은 말이나 이성적 진리를 중심으로 이루어진 로고스중심주의^{logoscentrism}의 기본적인 틀을 깨뜨리는 사고방식이다. 진리가 발견되기 위해서는 진리를 발견할 수 있는 주체가 전제되어야 한다. 플라톤이나 칸트가 말하는 영혼은 이 세상에서는 진리에 도달하기가 어렵기 때문에 저 세상으로 가서까지 진리를 발견해내고야 마는 주체다. '신은 죽었다'라는 니체의 선언은 눈에 보이지 않는 본질의 세계를 없애버림과 동시에, 그런 세계를 발견해내는 능력을 본질로서 가지고 있는 주체도 함께 없애버렸다. 이제 우리는 세계에 관한 진리뿐 아니라 나 자신의 존재도 창조해내야 하는 상황에 놓이게 된다.

정신분석학으로 유명한 프로이트 Sigmund Freud, 1856~1939 는 주어진 나는 없으며 만들어가야 하는 나만이 있다는 것을 누구보다도 잘 보여준 사상가다. 예를 들어 칸트가 인간에게 보편적인 도덕률이 누구에게나 존재한다고 말함으로써 보편적인 인간상을 설정한 데 반해, 프로이트의 경우는 도덕적 성향을 유년기의 성장 과정에서 겪는 독특한 체험들을 통해 설명함으로써 인간이란 모름지기 이러저러해야 한다는 틀을 깨뜨리고 있다. 자아란 만들어가는 것이라고 하는 관점에서 보면, 프로이트의 이런 관점은 니체보다 더 유연하다고 할 수 있다. 프로이트에게 있어서 도덕적인 인간과 비도덕적인 인간, 또는 예술적인 인간과 그런 재능이 없는 인간의 차이는 유년기의 우연적인 환경에서 기인하는 것이지 우열을 가려 말할 수 있는 문제는 아니다.

로티에 의하면 프로이트가 우리에게 남긴 것은 '나는 우연성의 조각'이라는 것이다. 나라는 존재가 이미 주어져서 완성되어 있는 존재가 아니라면, 이제 나는 그 우연한 조각들을 잘 짜 맞추어 나라는 존재를 만들어가는 수밖에 없다.

니체와 프로이트의 인간관이 잡초같이 살아가는 사람들에게 주는 위안이 있다면 그것은 어떻게 살아야 올바로 사는 것이라는 식의 기준을 강요하지 않음으로써 저마다 아무리 구차한 삶이라도 나름대로의 자태를 뽐낼 수 있는 여유를 준다는 것이다. 천재와 정신병자는 서로 다른 본성을 소유하고 있기 때문에 그렇게 된 것이 아니라 환경에 대해 적응하는 방식이 달랐기 때문이다. 삶의 보편적인 기준은 없다. 잡초도 난초만큼이나 아름다울 수 있다.

로티는 프로이트를 따라서 "각각의 삶이란 제 나름의 메타포(은유)로 맵시를 뽐내려는 시도"라고 말한다. 이 말은 곧 우리의 삶이 모두 하나의 시라고 하는 이야기다. 현실의 고통으로 인해 언어 습득이 불가능한 지경에 있는 삶, 그리고 밥벌이에 허덕이느라 자기 자신의 모습을 스스로 서술할 여유를 갖지 못하는 삶, 이 모든 삶이 하나의 시라는 것이다.

삶이 이미 한 편의 시이기 때문에 자기 자신에 대해서 서술하는 것이 곧 시적인 작업이 된다. 자아창조란 자기 자신에 대한 끊임없는 재서술redescription의 작업을 통해서 이루어진다. 로티는 대담한 시인이 가장 두려워하는 것은 스스로가 하나의 복제물이 되는 것이라고 말한다. 모든 삶이 한 편의 시라면 그와 같은 시는 각각 자신의 메타포로 자신의 자태를 뽐내야 한다. 그렇지 못하고 그저 다른 시를 모방한 시라면 그것은 존재 의미를 상실할 것이다.

아무것도 주어져 있지 않은 상태에서 자신의 어휘로 스스로를 서술함으로써 자신을 만들어간다는 것은 사실은 완성될 수 없는 프로젝트다. 왜냐하면 거기에는 완성될 수 있는 것이 존재하지 않기 때문이다. 따라서 자신을 재서술하는 시적인 작업은 역설적인 상황에 놓이게 된다. 완성할 수 없다는 사실을 잘 알고 있으면서도 우연성의 조각들을 짜 맞추어가는 작업을 지속해야 하기 때문이다. 로티가 말하는 아이러니스트란 결국 이런 작업에 매달리는 인물이다.

한마디로 아이러니스트란, 자신의 덧없음을 잘 알고 있고 또 자신이 자신에 대해 서술하는 마지막 어휘들이 의심스러운 것이라는 점을 알고 있으면서도 끊임없이 재서술의 시도를 멈추지 않는 인물이다. 이들이 가장 거부하는 것은 바로 상식이다. 왜냐하면 상식이란 습관화된 어휘로 아무런 자의식 없이 자신을 서술하는 방식이기 때문이다. 아이러니스트들이 추구하는 것은 진리가 아니라 새로움이다.

철학보다 민주주의가 중요하다

프로이트는 모든 삶이 하나의 시가 될 수 있음을 보여주었다. 시인이 추구하는 참신한 메타포들은 진리와 무관하며, 인간의 우월한 능력과도 상관없다고 보아야 한다. 그것 자체가 우연적인 것임을 인정해야 한다.

이 부분에서 우리는 공적인 영역으로 눈을 돌리지 않을 수가 없다. 나를 구성하는 우연적인 조각들은 나에게 소중한 것들이며, 그 조각들로 짜인 나의 존재, 나의 세계는 내게 있어서만 궁극적인 진리가 될 수 있다. 이것은 곧 내가 남의 어휘로 나를 서술하지 않으려 하는 만큼 나의 어휘를 다른 사람에게 강요해서는 안 된다는 사실을 말한다. 자신을 재서술하는 시적인 작업은 공적인 영역에서는 아무런 권리 주장을 할 수 없는, 아니, 해서는 안 되는 것이다.

로티는 아이러니스트의 자아창조 작업을 철저하게 사적인 영역 안에만 묶어두려고 한다. 참신한 메타포를 통한 자기 재서술에 의해 이루어지는 자아창조 작업은 보편적인 기준을 가질 수 없으며, 모든 사람이 공감할 수 있는 공통적인 진리에 기반을 두고 있는 것도 아니기 때문이다. 그러나 공적인 영역은 철저하게 상식이 지배하는 영역이며 상식이 존중되어야 하는 영역이다. 여기에서 진리는 사회적인 합의의 형태로 나타나야 한다.

로티는 우리의 자아와 마찬가지로 공동체 역시 역사적인 우연성에서 자유롭지 못하다고 생각한다. 이것은 곧 우리 공동체를 이끌어갈 원리가 어떤 보편적인 진리 위에 기초할 수 없다는 것을 뜻한다. 따라서 이론적인 작업을 통해 사회적인 규범을 정당화하는 것은 무의미한 일이 된다. 여기서 말하는 이론적인 작업이란 보편적인 진리를 탐구하는 철학적 작업은 물론이고 아이러니스트의 사적인 재서술 작업까지도 모두 포함한다. 공적인 영역에서 무엇이 옳은가 하는 것은 실천적인 결과를 통해서 현실적으로 검증되어야 할 문제이지 관념적으로 논증을 통해서 주장할 문제는 아니다. 이렇게 보면 공적인 영역과 사적인 영역은 이론적으로 통합이 불가능할 정도로 구별된다.

로티가 생각하는 공적인 영역의 과제는 사회를 민주주의적으로 만들어 나가는 일이다. 로티는 〈철학에 대한 민주주의의 우위 The Priority of Democracy to Philosophy〉(1991)라는 논문을 쓸 정도로 이런 공적인 과제의 중요성을 역설하고 있다. 이 문제는 지금까지 말한 이론적인 영역의 사적인 자아창조 작업과는 어떤 연관성을 갖는 것일까? 로티에 의하면 아무런 관련이 없다. 곧 민주주의라는 과제는 이론적으로 정당화되어야 할 문제가 아니라 실천적으로 더 나은 결과를 낳아야 하는 문제라는 것이다. 왜 민주주의를 위해 연대해야 하는가 하는 물음에 대한 로티의 대답은 '잔인한 일들을 멈추게 하기 위해서'다. 로티는 이런 대답이 왜 정당한지 이유를 대라고 묻는 것은 좀 우스운 일이라고 생각한다. 그런 물음을 던지는 사람은 잔인한 일들이 지속되어도 좋다고 생각하는 이유를 먼저 말해야 하기 때문이다.

로티는 절대적이고 보편적인 진리의 존재를 부정한 나머지 공적인 영역과 사적인 영역, 실천과 이론, 자아창조와 연대의 문제를 분리시키고 있지만, 이 두 가지가 서로 충돌하는 일 없이 병렬적으로 조화롭게 진행될 수 있다고 믿는다. 로티가 새로운 문학적 문화의 영웅으로 삼고자 하는 인물은 그와 같은 병렬적인 작업을 잘 수행할 수 있는 자유주의 아이러니스트^{liberal ironist}다.

참신한 메타포를 좇는 시인들은 다른 사람에게 영향을 줄 수 있는 공적인 파워가 없다. 어찌 보면 그것은 다행스러운 일이기도 하다. 만약 누군가가 강력한 파워를 배경으로 자신의 메타포를 강요한다면 그야말로 잔인한 일이 될 것이다. 그것은 곡식 생산량을 좀 늘리고자 잡초를 뽑아내는 일과 같다. 프로이트를 따라 잡초와 잡초 아닌 것의 구분이 없다고 한다면 우리는 시를 쓰지 않아도 모두가 시인인 셈이다. 민주주의는 그런 무력한 시인들이 제 나름의 흥에 겨워 뿌리를 내릴 수 있게 하는 실천적인 프로젝트가 되어야 한다. 자아창조와 잔인성의 배제라는 민주주의 과제는 외적으로나마 긴밀히 연결되어 있는 셈이다.

문학과 과학은 본질적으로 다른가?

인간에게는 보편적 본성이 없으며 천재와 바보, 도덕주의자와 전위적인 예술가 사이에는 우열을 말할 수 있는 어떤 차이도 없다는 관점, 즉 모든 삶이 나름대로 가치 있는 삶이라는 로티의 관점은 다윈의 자연주의적인 관점에서 영향을 받은 것이라고 할 수 있다. 그리고 이런 관점은 민주주의와 개성을 강조한 듀이의 입장과 흡사하다.

다윈주의의 특징은 좀 극단적으로 말하면 모든 것은 우연의 산물이라는 것이다. 미리 정해져 있는 것은 아무것도 없다. 로티의 사상에는 이런 다윈주의의 영향이 곳곳에서 나타난다. 과학과 문학의 차이, 문자적인 언어와 은유적인 언어의 차이에 대한 로티의 생각에서도 그런 흔적을 찾을 수 있다.

흔히 과학적 서술은 있는 그대로의 사실을 설명하는 것이며, 문학적 서술은 작가의 정신을 표현하는 것이라고 말한다. 과학적 서술은 객관적인 세계의 참과 거짓의 문제에 관여하며, 문학적인 서술은 참과 거짓을 구분하는 것이 무의미한 표현의 영역이라고 여겨진다.

로티는 이런 생각에 동의하지 않는다. 사실 과학적인 지식의 영역에서도 완전하게 객관적인 눈으로 자연세계를 바라본다는 것은 불가능한 일이고, 문학적인 표현도 자연에 대한 여러 가지 지식이 없이는 풍부해질 수가 없다.

로티의 입장을 살펴보기에 앞서서, 논리실증주의를 내세웠던 카르납^{Rudolf Carnap, 1891~1970}의 형이상학 비판을 먼저 검토해보자. 그의 관점은 우리가 과학은 객관적인 사실의 영역, 문학은 주관적인 표현의 영역이라는 구분을 받아들일 경우 진리의 문제에 관해 어떻게 생각하게 될 것인지를 잘 보여주고 있기 때문이다.

논리실증주의란 우리의 언어를 명료화함으로써, 겉보기에 문제인 것처럼 보이지만 사실은 아무런 문제도 아닌 철학의 사이비 문제를 걸러내 '과학적인 철학'을 해야 한다고 주장했던 학파의 이름이다. 이런 논리실증주의의 입장을 잘 보여주는 논문이 바로 카르납이 1931년에 쓴 〈언어의 논리적 분석을 통한 형이상학의 제거^{Elimination of Metaphysics Through the Logical Analysis of Language}〉라는 글이다.

카르납은 우리의 언명이 어법에 맞지 않거나, 사실에 대한 기초적인 관찰을 내용으로 하는 가장 단순한 경험적인 문장으로 환원될 수 없을 경우 그런 것을 무의미한 사이비 언명이라고 불렀다. 예를 들어 다음과 같은 두 문장을 생각해보자.

1. 카이사르는 그리고이다(Caesar is and).
2. 카이사르는 소수이다(Caesar is a prime number).

1은 구문론에 위배되기 때문에 언명이 아니다. 2의 경우에는 구문론에 위배되지는 않지만 소수가 사람에 대해서 긍정되거나

부정될 수 있는 것이 아니라는 점에서, 다시 말해서 그에 관한 관찰 사실을 찾는 것이 원초적으로 불가능하다는 점에서 무의미하며, 따라서 사이비 언명이다.

카르납이 이런 예를 들고 있는 이유는 철학자들이 좋아하는 형이상학적인 언명이 기본적으로 논리적인 오류를 범하고 있다는 것을 보여주기 위한 것이다. 카르납은 그 전형적인 경우로서 독일의 철학자 하이데거의 무^無에 관한 언명을 예로 들고 있다.

> 탐구될 수 있는 것은 존재뿐이며 …… 존재 이외의 아무것도 아니고 나아가 …… 무^無, 즉 오로지 존재이며 존재를 넘어서는 것으로서의 …… 무이다. 이 무란 어떤 것인가? …… 무 자체가 무화한다.

마르틴 하이데거, 《형이상학이란 무엇인가?^{Was ist Metaphysik?}》(1929)

이런 구절을 쉽게 이해할 수 있는 사람은 아마 아무도 없을 것이다. 카르납은 하이데거의 이 언명은 '무'라고 하는 대상에 대해서 뭔가 깊이 있는 이야기를 하고 있는 것처럼 보이지만 사실은 아무런 의미도 없는 '사이비 언명'이라고 주장한다. 만약에 우리가 창밖의 상황에 대해 묻고 그에 대해 비가 내린다고 답한 후 다시 그 비가 어떻게 내리고 있는지를 묻는다면 이것은 전혀 문제가 없는 일상 언어의 의미 있는 언명들이라고 말할 수 있을 것이다. 그러나 하이데거가 말하고 있는 것은 밖에 무엇이 있는지 묻고, 밖에 아무것도 없다(즉 무가 있다)고 답한 후, 이제 그 무라는 것이 마치 존재하는 대상인 양 그것에 대해 묻는 방식을 취함으로써 슬그머니 의미를 마음대로 바꿔버린 경우에 해당한다는 것이다.

카르납은 이러한 의미의 변화 과정에 은유가 개입한다고 생각한다. 말하자면 처음에 아무것도 없다는 의미의 '무'는 문자적인 의미를 갖는다. 즉 아무것도 없음을 지시한다. 그러나 슬그머니 변화된 '무'는 이제 '존재인 동시에 존재를 넘어서는 것'이라는 은유적인 의미를 가지고 등장한다는 것이다. 논리적인 오류는 여기서 발생한다. 문자적인 의미가 은유적인 의미로 아무런 근거 없이 변경됨으로써 그 이후에 나오는 모든 언명은 사이비 언명이 되어버리는 것이다.

물론 카르납이 은유적인 언어 사용을 잘못되었다고 보는 것은 아니다. 그는 문자적 영역과 은유적 영역을 나누어서 문자를 과학, 즉 객관적 사실의 영역에, 은유를 정서적 표현의 영역에 묶어두려 한다. 이것은 그가 하이데거와는 달리 니체를 나름대로 칭찬하고 있는 대목에서 알 수 있다. 카르납은 니체처럼 스스로를 철학자가 아니라 시인이라고 고백하는 사람에 대해서는 그의 언어를 예술적인 언어로서 인정해주겠다는 것이다.

이렇게 말하는 것은 꽤 그럴듯하게 들리지만 선뜻 납득하기 힘든 부분도 있다. 예술을 하는 문학가들은 이 세상의 사실과는 전혀 무관한 공간에서 살아가고 있는 것인가? '카이사르는 소수이다'라는 문장을 카이사르에 관해 무엇인가를 알려주는 문장으로 독해하려면 많은 배경 지식과 창조적인 상상력이 필요할 것이다. 그러나 그것이 단적으로 무의미하다고 말할 수 있을까?

언어는 우연적인 것이다

　로티는 언어를 다원주의적이며 자연주의적인 관점에서 바라보고자 한다. 언어는 인간이 만든 것이기 때문에 인간적인 어떤 것을 초월하는 진리를 담아내는 장소가 될 수 없다. 로티는 언어의 의미가 한 가지로 고정되어 있는 것이 아니라 시대와 환경에 따라서 얼마든지 달라질 수 있다고 생각했다. 언어의 의미는 대상에 의해서 정해지는 것이 아니라 언어를 사용하는 사람들에 의해서 우연하게 정해진다는 것이다. 로티의 이런 입장은 카르납과 같기도 하고 다르기도 하다. 언어를 통해서 형이상학적인 실체를 드러낼 수 없다는 점에서 로티는 카르납과 같은 입장이다. 그러나 그렇다고 해서 객관적인 사실을 나타내는 언어와 주관적인 감정을 표현하는 언어가 명확히 구별되는 것은 아니라고 본 점에서 카르납과 다르다.

　로티는 언어에 어떤 고정된 의미가 있다는 생각 자체가 언어를 신비화하려는 시도라고 생각한다. 카르납의 생각은 어떤 언어는 대상에 의해서 그 의미가 정해지고 어떤 언어는 그렇지 않다는 것인데, 로티는 대상에 의해서 그 의미가 정해지는 경우는 없다는 것이다. 우리 눈앞에 컵이 놓여 있다고 하자. 우리는 그것을 컵이라고 부른다. 우리는 어떻게 해서 그것을 컵이라고 부르게 되었을까? 컵이 우리에게 자신을 컵이라고 부르라고 시켰을까? 그럴 리는 없을 것이다. 컵은 말을 하지 못하기 때문이다. 아마도 누군가가 처음에 컵이라는 이름을 붙였을 것이고 거기에 다른 사람들이 동의하면서 그것은 컵이라는 이름을 갖게 되었을 것이다. 정서적인 표현도 마찬가지다. 우리가 꽃을 보고 아름답다고 말하는 것은 비슷한 감정을 느낀 사람들이 그 표현을 공통적으로 사용하게 되면서 아름답다는 표현이 자리잡았을 것이다.

이렇게 언어란 사람들이 사용함으로써 그 의미가 정해지기 때문에 얼마든지 변할 수 있다. 이것은 로티가 언어를 철저하게 역사적인 산물로 본다는 것을 뜻한다. 즉 다원주의적인 관점에서 인간은 다른 동물들과 마찬가지로 환경에 적응하려고 노력하는 가운데 언어라는 도구를 만들어냈다는 것이다. 언어는 철저하게 역사적인 인간의 창작물이며, 다른 모든 것과 마찬가지로 새로 만들어지기도 하고 없어지기도 하는 것이다. 따라서 어떤 언어가 어떤 대상을 특별히 지시한다는 설정은 그와 같은 언어의 역사적인 우연성을 고려하지 않은 것이다. 로티는 무엇보다도 언어에 있어서 문자적인^{literal} 의미와 은유적인^{metaphorical} 의미를 본질적으로 구분해줄 만한 기준 같은 것은 존재하지 않는다고 생각한다. 문자적인 어휘는 있는 대상을 사실 그대로 서술하는 것이고 은유는 문자적인 어휘를 마땅히 찾지 못했을 때 사용된다고 하는 것은, 대상을 본질적으로 지시해주는 특별한 어휘가 있다는 표상주의적인 관점에서 나온 생각이다. 은유는 그것이 사용된 특정한 맥락을 벗어나 문자적인 의미를 획득하지 못한다. 곧 문자적인 것은 어떤 것을 지시하는 것이고 은유적인 것은 어떤 것을 우회적으로 표현할 뿐이라는 생각은 성립하지 않는다. 은유는 은유적인 방식으로 그 대상에 대해서 말할 뿐이다.

문자적인 것과 은유적인 것을 구분할 수 없다는 것은 언어가 나타내는 '사실'의 의미가 분명하지 않다는 말이다. 언어에 대한

이런 로티의 관점은 언어를 넘어선 사실, 곧 언어를 초월한 진리에 대해서 우리가 말할 수 없다는 것이다. 이 말은 우리가 언어에 갇혀 있기 때문에 결코 언어를 뛰어넘어 사실의 영역으로 들어갈 수 없다는 관념론적인 주장과는 구분되어야 한다. 로티는 세계가 우리의 인식이나 언어와 독립적으로 존재한다는 사실을 부정하지 않는다. 다만 로티가 부정하는 것은 그렇게 독립적으로 존재하는 세계에 대한 진리가 우리의 인식이나 언어와 무관하게 주장될 수는 없다는 것이다.

진리를 말하기 위해서 우리는 언어를 사용할 수밖에 없고, 그 언어는 우리의 창안물이기 때문에 인간과 무관한 진리의 존재란 있을 수 없는 것이다. 이것은 세계가 우리와 무관하게 존재할 수 있다는 것과는 구별된다. 세계는 우리가 그것에 대해 어떻게 서술하든 객관적으로 존재한다. 우리가 말할 수 있는 것은 그 서술들이 옳으냐 그르냐 하는 것이지 세계가 옳으냐 그르냐 하는 것은 아니다. 여기서 문제는 그 옳고 그름의 기준을 세계가 제공해 주지 않는다는 것이다. 결국 다양한 서술들을 비교하는 작업을 하는 것은 우리 자신이고 우리는 우리가 만들어낸 서술들을 스스로 비교함으로써 어떤 것이 옳은지를 판정하는 것이다.

로티는 진리와 세계를 분리시키고 있다. 세계는 저 바깥에 존재한다고 말할 수 있지만, 진리는 그렇지 않다. 이러한 관점에서는 객관적으로, 궁극적으로 서술될 수 있는 사실이란 존재하지 않는다. 사실들은 끊임없이 재서술됨으로써 좋게 보이기도 하고 나쁘게 보이기도 하는 것이다.

진리가 문장의 속성이며, 문장은 어휘에 의존하고, 다시 어휘는 인간들에 의해 만들어지기 때문에 진리 역시 결국은 인간에 의해 만들어진다는 것이 언어의 우연성을 통해서 로티가 말하고자 하는 핵심이라고 할 수 있다. 로티의 이와 같은 주장은 세계뿐 아니라 인간 자신을 탈신격화하는 데로 귀결된다. 세계의 본질이 우리에 의해서 진리라는 이름으로 발견될 수 없듯이 인간의 본성이라는 것도 우리가 발견할 수 있는 인간 내부의 어떤 것이 아니다. 우리가 할 수 있는 일은 오로지 세계에 대해서, 그리고 우리 자신에 대해서 끊임없이 재서술하는 것이다. 로티가 철학을 과학보다는 문학적이고 시적인 작업으로 보고자 하는 이유는 진리가 저 바깥에 존재한다고 보지 않는 이러한 관점 때문이다.

로티는 이러한 언어관을 바탕으로 해서 철학적인 작업을 엄밀하고 체계적인 학문으로서보다는 문학적인 작업으로서 이해하고자 한다. 로티가 바람직한 문화를 시화된poeticized 문화, 또는 문학적인literary 문화로 간주하는 것도 이런 관점과 무관하지 않다. 로티가 말하는 대로 우리가 할 수 있는 일이 세계와 언어를 비교하는 것이 아니라, 언어와 언어를 비교하는 일이라면, 과학적인 언어가 문학적인 언어보다 세계에 더 가깝다고, 또 문자적인 것이 은유적인 것보다 있는 그대로의 사실에 부합한다고 말할 수는 없을 것이다.

로티의 사상은 분석철학이 주류를 이루고 있는 미국 학계의 풍토에 신선한 충격을 주었다. 로티는 형식논리학을 통한 언어분석이라는 좁은 틀을 벗어나 인간, 사회, 언어, 역사, 자유, 민주주의 등과 같은 다양한 철학적 문제들을 일관된 관점에서 다루는 사상가적인 면모를 보여주었다. 이런 그의 작업은 듀이와

제임스 등의 프래그머티즘을 현대철학의 맥락에서 재해석하려
는 시도가 없었다면 불가능했을 것이다.

Chapter 3

John Dewey

대화

TALKING

Richard Rorty

프래그머티스트들의 만찬

내가 로티 교수를 처음 만난 것은 1996년 겨울이다. 로티 교수는 당시 대우학술협의회의 초청으로 한국을 방문해 수유리의 아카데미하우스에 며칠 머무르며 국내의 학자들과 열띤 토론을 벌였다. 당시에 나는 로티를 주제로 한 논문으로 박사 학위를 받은 지 얼마 안 되는 풋내기 학자였다. 로티 교수는 글을 통해 보여 줬던 파격적인 문체와는 달리 점잖고 온화한 사람이었다. 평소에 로티 교수에게 직접 강의를 들을 기회가 있으면 좋겠다고 생각하던 나는 로티 교수에게 박사 후 과정을 밟고 싶다는 희망을 이야기했고 로티 교수는 흔쾌히 받아들여주었다.

그래서 나는 1997년부터 1998년까지 로티 교수가 재직했던 버지니아 대학에서 그의 강의를 청강할 기회를 얻게 되었다. 로티 교수는 나와 우리 식구들이 미국에 머무는 동안 불편하지 않도록 세세한 부분까지 신경을 써주었다. 특히 같은 학교에서 생명윤리를 가르치고 있던 그의 부인 메리는 성격이 쾌활하고 친절해서 우리들을 한 가족처럼 대해주었다. 1997년 미국의 최대 명절인 추수감사절에 로티 부부는 우리를 저녁 만찬에 초대했고, 메리는 커다란 칠면조 요리를 준비해서 우리를 반갑게 맞아주었다. 귀국한 후에도 가끔 당시의 추수감사절 만찬이 생각나곤 한다.

이제 다시 당시의 만찬 장소로 되돌아가보자. 물론 현실에서는 이루어질 수 없는 일이다. 로티는 그 후 버지니아를 떠나서 스탠퍼드 대학으로 자리를 옮겼기 때문이다. 하지만 상상력을 동원해서 로티가 살던 버지니아의 샬러츠빌 근교 숲 속의 저택으로 되돌아가보자. 그리고 이 책에 등장하는 고전적 프래그머티스트들이 모두 타임머신을 타고 로티의 추수감사절 저녁식사에 초대되었다고 생각하자. 지금부터 하는 이야기는 그런 상상 속의 가상대화다. 이 만찬 식탁에는 제임스, 퍼스, 듀이, 로티 부부, 그리고 영광스럽게 나도 같이 앉아 있는 것으로 하자.

이 저녁식사 자리에서는 누가 나서서 사회를 보거나 지정된 안건을 놓고 토론을 하기보다는 식사를 하면서 서로의 생각을 자유롭게 말하는 식으로 진행되었다. 대체로 제임스와 퍼스가 프래그머티즘의 격률에 대해 다르게 생각했던 문제, 실재에 관한 문제, 우연성의 문제, 종교와 과학의 관계에 대한 문제 등이 토론거리로 등장했으며 내게는 평소에 물어보고 싶었던 것들을 직접 물어볼 수 있는 좋은 기회였다. 퍼스는 1839년생으로 제임스보다 세 살 위고, 듀이는 1959년생으로 퍼스보다 스무 살 아래다. 로티는 1931년생이므로 퍼스와는 약 90세 정도 차이가 난다.

|메리| 다들 이렇게 멀리까지 찾아와주셔서 감사합니다. 이번 추수감사절에는 특별히 큰 칠면조와 캘리포니아 와인을 준비했답니다.

|로티| 저의 사상적인 스승님들이 모두 와주셔서 영광입니다. 멀리 한국에서 찾아온 이 박사도 환영합니다.

|제임스| 나도 오랜만에 나의 벗 퍼스와 가장 똑똑한 젊은이라고 생각해왔던 듀이를 다시 만나니 반갑기 그지없네. 옛날에 퍼스와 함께 형이상학 클럽을 이끌면서 토론했던 생각이 나는군. 퍼스 자네는 여전히 사람들과는 잘 안 어울리고 집에서 글만 쓰고 있나? 그러다가 몸 상할까 봐 걱정이네.

|퍼스| 내가 사람들 앞에 나서기 싫어하는 것은 자네가 잘 알지 않나. 어쨌든 프래그머티즘이 나의 독창적인 생각이었다고 이곳저곳에 선전하고 다녀준 것에 대해서는 고맙기도 하고 한편으로는 부담스럽기도 하네. 자네가 말하는 그 프래그머티즘이 내가 원래 생각했던 거랑은 좀 다른 것 같아서 말이야.

|제임스| 아, 또 그 이야기인가? 그럼 말이 나온 김에 한번 정리해보기로 하세. 자네가 처음에 말한 '프래그머티즘의 격률'이란 우리가 어떤 개념을 이해한다는 것은 그 감각적인 효과를 이해한

다는 의미가 아니었나? 자네가 예를 들었듯이 '다이아몬드가 단단하다'라는 말을 이해하려면 다이아몬드를 다른 것들과 부딪쳐보서 흠이 나는지 안 나는지 보면 알 수 있다는 거 아닌가? 그래서 나는 다이아몬드를 다른 것들과 부딪쳐보고 우리가 직접 눈으로 다이아몬드가 단단한지 어떤지 그 결과를 확인했을 때 '다이아몬드는 단단하다'는 말은 참이라고 할 수 있다는 뜻이라 말한 거네. 이것이 원래 자네가 의도했던 것이 아닌가?

|퍼스| 개념을 적용한 실험적 결과를 통해서 개념의 대상을 이해해야 한다는 것은 맞아. 하지만 나는 단지 개념의 의미가 어떻게 이해되어야 하는가를 설명한 것뿐이야. 자네처럼 그 결과들을 가지고 참이라거나 거짓이라거나 하는 진리의 기준에 대해서 말한 것은 아니었어. 자네는 그걸 가지고 거창하게 진리를 논하고 있단 말이야. 게다가 자네는 어떤 관념이 우리에게 만족할 만한 결과를 가져올 때 그 관념이 참이라는 식으로 말하지 않았나? 나는 그런 식으로 심리적인 만족을 가져오는 것이 진리라고는 전혀 생각해본 적이 없다네.

|제임스| 허허, 이 친구 참. 내가 뭘 그렇게까지 이야기했다고 그러나. 자, 진정하고, 식사나 하면서 얘기하지.

|더스| 그러고 보니 칠면조 구이가 아주 맛있어 보이는구먼.

|제임스| (음식을 한입 베어 물며) 그런데 좀 전에 했던 얘기 말일세.

정확히 말하면 나는 참인 관념이 우리에게 만족할 만한 결과를 가져온다고 이야기한 거야. 어쨌든 우리가 형이상학 클럽에 모여서 토론한 것은 전통적인 형이상학적 철학이 우리의 당면 문제들을 해결하는 데 도움이 되지 않는다는 생각에서였지 않은가. 나는 특히 과학과 종교가 서로 공존할 수 있는 길을 찾는 데 자네의 프래그머티즘의 격률이 유용하게 쓰일 수 있다고 생각했지. 다소 자네의 생각을 확대해석했다고 해서 너무 기분 나빠 하진 말게.

|퍼스| 어쨌든 자네가 말하는 프래그머티즘은 내 생각과 다르니 내 입장에 대해서는 프래그머티시즘이라는 용어를 사용하겠네.

|나| 퍼스 교수님이 처음에 말의 의미에 대해서 주장한 내용을 제임스 교수님이 진리론으로 확대해석했다는 말씀이신 것 같군요. 그런데 그것이 그렇게 큰 차이가 있나요?

|듀이| 저도 두 분의 입장 차이가 어디에서 생기는지 생각해보았습니다만, 아마도 '실재'라는 개념에 대해서 서로 입장이 달라서가 아닐까 해요. 퍼스 선생님은 우리가 대상에 대해서 안다고 말할 수 있는 것은 대상에 대한 우리의 관념 혹은 개념을 대상에 적용해보았을 때 얻어지는 효과의 전체라고 하셨지요. 거기서 제임스 선생님은 우리가 현재 알고 있는 효과나 결과들이 곧 그 대상의 모든 것이라고 해석하신 반면에 퍼스 선생님은 앞으로 지속될 모든 탐구의 결과들에 대해서까지 생각하신 것 같군요.

우리가 현재 알고 있는 것만으로는 대상에 대해 전부를 알았다고 말할 수 없다는 것이지요. '실재'나 '진리'의 문제는 아직 이루어지지 않은 미래의 모든 탐구의 최종 결과물일 수는 있어도 지금 우리가 그런 것을 말할 수는 없다는 뜻 아닙니까?

|퍼스| 바로 그렇다네. 이 세상의 사물들에 대해서 말할 수 있는 것은 제임스가 생각하듯이 탐구자들이 실험을 통해서 얻어낸 결론들에 국한되지. 그렇지만 모든 과학적 탐구자들은 탐구를 계속하면 언젠가는 이 우주의 진리를 알 수 있으리라는 희망을 가지고 탐구를 하게 마련이고, 참이다 거짓이다 하는 것은 그런 차원에서나 이야기할 수 있는 문제라고 생각해.

|듀이| 제 생각에는 강조점을 좀 다르게 생각하면 두 선생님의 입장 차이는 그리 크지 않은 것 같은데요. 제임스 선생님은 퍼스 선생님의 말씀 중에서 과학적 방법이 가지고 있는 실험 정신이 무엇보다도 중요하다고 생각하신 듯합니다.

|제임스| 역시 듀이는 똑똑하다니까. 퍼스나 내가 형이상학 클럽에서 만나 토론할 때 의견의 일치를 본 부분이 있는데, 바로 다윈의 자연주의적인 관점에서 이 세상을 바라볼 필요가 있다는 것이었지. 우리는 이 세상의 모든 것이 미리 정해져 있다고 생각하지 않아. 인생의 의미라든가, 사물의 본질이라든가 이런 것들은 모두 우리가 직접 실험해보거나 실천해보았을 때 말할 수 있는 것들이지. 나는 그런 것을 강조하고 싶었을 뿐이야.

|듀이| 그런 점에 있어서 제임스 선생님의 의견에 전적으로 동의합니다. 저는 그런 생각을 도구주의적인 생각이라고 나름대로 해석했어요. 두 선생님이 모두 다윈의 자연주의적인 입장에 동의하시듯이, 저도 같은 입장에서 인간의 사고를 바라보고 있답니다. 사람이 생각을 하는 가장 기본적인 이유는 환경에 적응해서 살아남기 위한 것이 아니겠습니까? 예전에야 자연환경이 인간의 생존에 큰 위협이 되었겠지만, 지금처럼 문명이 발달하고 사회가 복잡해진 다음에는 오히려 인간의 사회 제도나 관습이 인간의 생존을 위협하는 요소가 될 수도 있지요.

|나| 예를 들어 정치 제도 같은 것 말씀이십니까?

|듀이| 네, 선생님들은 경험하지 못하셨겠지만 20세기 초에 독일에서는 대중들이 강력한 독재자를 만들어내고 많은 사람들을 죽음에 이르게 한 적이 있어요. 어쨌든 인류는 그런 참사를 통해서 큰 교훈을 얻었지요. 저는 그래서 자연과학자들이 다루는 사실과 정치, 사회 영역에서 다루어지는 가치의 문제가 기본적으로 동일한 의미를 지니고 있다고 생각합니다. 바로 도구적인, 혹은 조작적인 의미이지요. 말하자면 직접 실험을 해서 가설을 검증하거나 사회적인 실천을 거쳐서 그것이 좋은지 나쁜지를 가려내지 않고서는 어떤 것에 대해서도 미리 그것이 참이다 거짓이다 말할 수 없지요.

|퍼스| 제임스, 거기 소금 좀 건네주겠나. 음 …… 나도 사실과 가

치의 문제를 명확하게 나눌 수 없다는 주장에는 어느 정도 동의하네만, 내가 말하는 탐구의 논리를 인간의 모든 문제 영역으로 확장해서 말하는 것은 곤란해. 시대나 역사적인 상황에 따라서 다른 결론을 얻을 수도 있을 텐데, 그렇게 되면 상대주의에 빠지지 않겠나.

|로티| 퍼스 선생님은 우리의 지식이 언제나 틀린 것일 수도 있다는 '오류가능주의'에 대해서 말씀하셨죠. 선생님이 실재나 진리의 문제에 대해 계속해서 말씀하시는 것이 잘 납득되지 않아요. 오히려 그런 문제는 형이상학적인 철학을 좋아하는 사람들에게 넘겨주고 우리 다원적인 자연주의자들은 다른 문제로 고민하는 편이 좋지 않을까요? 예를 들면 개인의 자율성 문제나 민주주의 문제 같은 것 말입니다.

|퍼스| 그런 문제에 대해서는 관심이 없어서 잘 모르겠네만, 그 역시 이 우주가 발전해나가는 근본적인 진화 과정에 대해서 알게 될 때 해결될 수 있는 문제라고 보네. 사회진화론자들이 적자생존이니 생존경쟁이니 따위의 헛소리를 해대는 것은 다 우주의 본질에 대해 무지하기 때문이지.

|로티| 저는 제임스와 퍼스 선생님이 모두 실험적인 결과에 의미를 부여하고 있다는 것이 중요하다고 생각합니다. 사실 다윈이 우리 인문학자들에게 충격을 준 부분이 있다면 그동안 굳게 믿어왔던 인간의 본성이나 영혼 같은 개념들이 결국은 인간이 상

상해서 만들어낸 하나의 허구가 아닐까 하고 생각하게끔 했다는 점이죠. 데카르트가 인간의 이성이 물리적인 사물과는 다른 실체라고 했던 시절에는 인간의 두뇌 연구가 별로 이루어지지 않았을 때였지만, 요즘같이 두뇌생리학이나 신경생리학이 발달한 시대에는 인간의 마음이 결국은 두뇌의 기능이 아닌가 하고 생각하는 학자들이 많아요. 저는 그래서 애인에게 배신을 당해서 마음이 아프다고 할 때 '마음이 아프다'는 말 대신 '나의 375C의 신경세포가 자극을 받고 있다'는 식으로 생리학적인 용어만 사용한다면 어떨까 하고 상상해보기도 했어요. (모두 웃음) 우리가 어떤 언어를 사용하든 의사소통만 잘되면 그 언어가 무엇을 설명하는 것인가는 그 다음의 문제라고 생각해요.

|제임스| 하하하, 재미있는 생각이네. 나도 《심리학의 원리》를 쓸 때 생리학에 기반을 두고 생각을 했지만 그런 상상까지는 못 해봤는걸.

|퍼스| 물론 재미는 있지만, 그건 너무 제임스 편을 들고 있다는 느낌인걸. 언어는 의사소통의 수단이기도 하지만 마음대로 가져다 쓸 수 있는 것은 아냐. 한 언어가 의미를 가지려면 반드시 대상과 해석자가 있어야 하지. 나는 그것을 카테고리 이론과 논리학, 기호학 등을 통해 설명한 적이 있는데, 어쨌거나 기호는 대상의 표상 관계를 반영하는 것이라고 생각하네.

|로티| 하지만 퍼스 선생님은 진화적 실재론을 말씀하시면서 우

주에서 일어나는 우연적인 일들에 대해 말씀하시지 않으셨습니까? 저는 그런 우연에 대한 선생님의 말씀이야말로 다윈의 생각을 적절히 표현하신 것이라 생각했어요. 다윈의 진화론 관점에서 보면 미리 정해져 있는 것은 아무것도 없다고 볼 수 있잖아요? 저는 그래서 인간의 자아, 언어, 공동체 같은 것들이 모두 우연적인 진화의 산물이라고 보고 있습니다.

|내| 프로이트가 한 말이 생각나는군요. 처음부터 인간은 도덕적 자질을 타고나거나 독창적인 자질을 타고나는 것이 아니라 성장 과정에서의 경험이 그 사람의 인간됨에 큰 영향을 준다는 말 말입니다.

|로티| 바로 그거죠, 인간을 서로 비교해서 누가 누구보다 잘났다, 못났다라고 평가할 수 없는 이유가 저마다의 개성을 가지고 있기 때문이지요. 언어의 경우도 과학적인 언어나 논리적인 언어가 문학적이거나 시적인 언어보다 더 낫다고 할 수는 없어요. 다만 어떤 상황에서 어떤 언어를 사용할 것인가의 문제죠. 인간의 사회도 진화의 산물인 만큼 더 나은 사회를 만들어가기 위해서는 끊임없는 실천이 필요하다고 생각해요.

|듀이| 더 나은 사회를 만들기 위해 끊임없이 실천에 나서야 한다는 말에 전적으로 동의하네. 계속해서 약자와 고통 당하는 사람들을 위한 정책은 시도해보고 실천을 통해 테스트해야 하지. 21세기의 미국은 좀 진보적인 방향으로 발전되었는지 궁금하군.

|로티| 듀이 선생님이 시도하셨던 제3의 진보정당들은 거의 사라졌다고 해도 과언이 아닙니다. 공화당과 민주당이 번갈아 정권을 잡고 있는데, 지금은 공화당이 감세 정책으로 국민들을 현혹하면서 미국을 점점 보수적인 나라로 만들고 있어서 큰 걱정이에요. 그나마 민주당의 힐러리 등이 몇 년 전에 교육과 의료 분야에서 개혁을 시도한 적이 있는데 기득권층의 압력에 밀려 흐지부지되었지요.

|퍼스| 사회가 더 나은 쪽으로 나아가야 한다는 데 대해서는 이의가 없네. 나 역시 우주 전체가 진화의 과정 중에 있다고 생각하니까. 그렇다고 진화의 과정이 전적으로 우연적인 것들로만 가득 차 있다고 믿는 것은 곤란하지. 우주는 그런 우연적인 것들과 새롭게 나타나는 것을 통해서 새로운 습관들을 만들어가니까. 정해진 법칙에 따라 움직이는 것이 없다고 해서 모든 것이 우연이라고 너무 극단적으로 생각해서도 안 될 걸세.

|나| 퍼스 선생님은 우연성과 연속성이 공존하는 것이 우리 우주의 진화 과정이라고 말씀하시는 것 같군요. 그런 연속성을 인간의 차원과는 다른 어떤 신적인 섭리 같은 것이라고 보아도 될까요?

|퍼스| 미리 정해져 있는 신의 섭리 같은 것이 있다고 말할 수는 없지. 그러나 우리가 기호를 마음대로 사용할 수 없는 이유가 기호와 실재가 연결되어 있기 때문이듯이, 우연성을 통해서 연속성이 드러나는 것도 신의 실재와 관련 있다고 생각할 수는 있지.

과학적인 마음을 가지고 우주를 탐구할수록 우리 자신이 신과 연결되어 있다는 생각을 자연스럽게 하게 된다고 믿네.

|제임스| 어떤 사람도 신의 존재에 대해 안다고 말할 수는 없을 거야. 다만 분명한 것은 우리에게는 신성한 것 또는 종교적인 것이라고 부를 만한 경험들이 존재한다는 거지. 이 우주에 신이 존재한다면 아마도 그 신은 완전한 신은 아닐걸. 말하자면 인간의 모든 악행에 대해 신이 전적으로 책임을 질 필요는 없다는 것이지. 인간은 자기 힘으로 세상을 선하게도 또 악하게도 만들 수 있는데, 신은 인간이 선한 쪽으로 세계를 진화시켜나가도록 돕는 정도의 역할을 한다고나 할까?

|로티| 저는 종교적인 신앙의 문제는 철저하게 개인적인 신념의 문제라고 생각해요. 신이 있다고 믿음으로써 자신의 삶을 풍요롭게 할 수 있다면 좋은 것이지요. 또 반면에 신이 없다고 생각하는 사람에게 신을 믿으라고 강요할 수도 없는 문제고요. 왜냐하면 누구도 신을 안다고 말할 수 있는 사람은 없을 테니까요. 기독교의 하느님을 믿든, 불교의 부처님을 믿든, 또 무당을 믿든 각자가 저마다의 신을 가질 수 있어요.

|메리| 어머, 음식이 다 식어가는데 말씀들만 나누실 거예요? (감자 요리를 가리키며) 자, 이것도 좀 드셔보세요.

도두 이야기에 열중했던 분위기를 바꿔 음식을 먹는다.

저 생각에는 선생님들이 프래그머티즘이라는 철학을 만드실 때

다뤘던 종교와 과학의 조화라는 문제는 오늘날에도 여전히 중요
한 문제로 남아 있다고 생각해요. 생명공학과 의료기술이 발달
하면서 생명윤리와 관련된 문제들이 많이 발생하고 있잖아요.
인간이 인간을 만들어낼 수 있는 가능성이 중요한 이슈가 될 정
도니까요. 과학기술이 신의 영역을 침범하고 있다고 볼 수 있는
것 같아요.

|나| 하나만 더 질문을 드릴게요. 로티 선생님이 프래그머티즘을
요약하신 논문을 읽은 적이 있는데, 선생님들은 어떻게 생각하
시는지 궁금합니다.

|로티| 아, 예전에 한 논문에서 프래그머티즘의 특징을 세 가지 정
도로 말한 적이 있지요. 간단히 말씀드리면, 첫째는 진리에 대한
반본질주의입니다. 진리란 제임스 선생님이 말씀하셨듯이 본질
을 갖는 것이 아니라 믿기에 좋은 것 정도의 의미를 갖는다는 것
이지요. 둘째는 사실과 가치, 도덕과 과학 사이에는 어떤 본질적
인 차이나 방법론적인 차이도 없다는 것이고, 셋째는 탐구에 있
어서 동료들이 말하는 것 이외에는 어떤 제약도 있을 수 없다는
것입니다. 대상, 마음, 언어 등이 미리 어떤 본질을 가지고 있어
서 우리의 탐구가 그것에 의해 이뤄지는 게 아니라는 거예요.

|제임스| 나는 프래그머티즘에 대한 세 가지 규정에 대해 전적으
로 동의하네. 듀이를 계승할 확실한 프래그머티스트가 나타난
것 같아 마음이 놓여.

|퍼스| 나도 뭐, 이 규정들에 대해 잘못되었다고 말할 생각은 없네. 다만 첫째와 셋째 규정에는 절반 정도만 동의한다고 생각해주게. 나는 어차피 프래그머티스트가 아니라 프래그머티시스트니까.

|듀이| 그렇지만 여기 모인 우리는 다윈의 자연주의를 받아들이고 있고, 우주가 정해진 법칙에 따라서 움직이는 것이 아니라 인간의 참여를 통해 진화해나가고 있다는 데 동의하실 것 같습니다. 저는 우리 모두가 세상의 나쁜 부분들을 인간의 노력으로 점차 개선해나갈 수 있다는 것을 믿는 낙관론자라고 생각해요.

곧이어 메리가 캘리포니아 와인이 담긴 포도주 잔을 들어 건배를 했고, 대가들은 이런저런 이야기로 담소를 나누었다. 메리가 직접 만든 치즈 케이크를 후식으로 가져왔고, 즐거운 만찬은 그렇게 끝났다.

Chapter 4

John Dewey

이슈

ISSUE

Richard Rorty

과학기술은 우리를 구원할까?

프래그머티스트들은 전통적인 철학자들이 그동안 이야기해온 것들이 근거도 별로 없고 그리 믿을 만하지 않다고 생각한다. 그러면서 어떤 주장이든 실험이나 실천을 통해서 테스트해야 하고 그런 절차를 거쳐서 나온 지식들이야말로 인정할 수 있는 지식이라고 주장한다. 이런 테스트의 과정은 철저하게 과학적 탐구의 논리를 따라야 한다. 프래그머티스트들은 그런 점에서 과학적인 태도를 중요하게 생각하는 사람들이라고 할 수 있다. 그런데 주의해야 할 점은 이들이 그렇다고 해서 과학이 가장 중요한 것이라고 생각하지는 않는다는 점이다. 모든 것이 과학에 의해서 해결될 수 있으리라는 믿음을 과학주의라고 부른다면, 프래그머티스트들은 이런 과학주의에 대해서 어느 정도 거리를 두는 사람들이다. 특히 로티 같은 네오프래그머티스트는 과학적인 문화보다는 '문학적인 문화'가 바람직하다고 주장한다.

한 과학자가 《사이언스Science》지에 맞춤형 인간배아줄기세포

복제에 성공했다는 논문을 실은 것이 매스컴을 통해 대대적으로 보도되었을 때, 많은 사람들이 불치병의 고통에서 벗어날 수 있다는 희망을 가졌다. 그리고 그런 대단한 과학기술상의 업적이 우리나라 과학자에 의해 이루어졌다는 사실에 대해 감격했다. 정치인들은 한국을 선진국으로 이끌어줄 과학자와 사진을 같이 찍기 위해 줄을 섰고, 대중은 영웅적인 국민과학자에 대한 의심이나 비판을 용인하지 않았다.

이는 과학이, 대중을 자기편으로 끌어들이려는 정치가의 쉬운 수단이 되었다는 것을 여실히 보여준 사건이었다. 이 문제를 바라보는 많은 사람들은 '과학의 문제는 과학자가 풀어야 한다'라는 대답을 내놓는다. 프래그머티스트들은 이 명제에 동의할 수 있을까?

이 명제는 일견 타당해 보이지만, 과학적 지식이 가치중립적이라는 대단히 소박한 실증주의적인 형이상학을 가정하고 있다. 만약에 과학적 지식의 가치중립성을 주장하는 명제를 받아들인다면, 단지 기만적인 태도로 일관한 한 과학자의 과학적 오류를 밝혀내는 것으로 문제가 마무리되어야 할 것이다. 이런 관점에서 보면 그의 잘못은 과학에 과학 외적인 요소를 집어넣은 것이다. 따라서 다시 과학을 비과학적인 모든 것으로부터 끄집어내 순수한 진리 탐구의 장소인 실험실 속으로 밀어 넣게 되면 혼란은 사라지게 될 것이다. 이런 식으로 문제가 해결된다면, 우리는 '과학이 우리를 구원하리라'는 신념을 고스란히 간직한 채 안정된 일상으로 되돌아올 수 있을 것이다.

그러나 이것은 오늘날의 과학적인 문화가 내포하고 있는 문제

를 다시 덮고 넘어가자는 주장으로 보인다. 황우석 박사의 연구가 노벨상을 탈 수도 있고 우리나라에 많은 돈을 벌어다줄 수도 있을 것이라고 믿은 사람들은 황우석 박사를 이순신에 비유하며 나라를 구할 애국자라고 생각했다. 그러나 그의 연구가 성공했다고 하더라도 그런 일들이 실제로 일어났을 것 같지 않다. 과학기술의 발달이 가져올 성과에 대해 사람들은 쉽사리 막연한 장밋빛 환상을 갖는다. 정치가들은 이런 환상을 이용해서 자신들의 대중적인 지지도를 높이려고 한다. 사람들이 과학기술의 발전을 통해서 우리나라가 선진국이 되고, 우리나라 사람들이 행복하게 될 것이라는 생각에 의문을 던지지 않는 한, 정치적인 업적을 쌓고 싶어 하는 정치인들은 앞으로도 얼마든지 과학기술을 정치적인 목적에 이용할 것이며, 선정적인 언론은 덩달아 춤을 출 것이고, 우매한 대중은 국익을 위해 스스로를 희생하려 할 것이다.

이런 사태는 프래그머티스트들이 생각하는 민주주의적인 문제 해결 방식과는 거리가 멀다. 유능한 과학자들은 앞으로도 계속해서 유전공학의 연구 성과를 낼 것이고 언젠가는 인간이 모든 불치병을 극복하고, 건강하게 오래 사는 세상이 올지도 모른다. 사람들은 그런 세상이 빨리 와야 한다고 생각한다. 질병과 죽음은 악인 동시에 인간의 원죄로 극복해야 할 결함이라고 여기기 때문이다.

오늘날 과학기술은 인간이 신의 자리에 올라가기 위한 점진적인 계단이다. 그래서 오늘날 과학기술자는 이미 성직자이며, 그들이 다루는 과학적 지식은 인간을 전지전능한 존재로 만들어줄 경전이다. 과학적 문화는 절대적이고 보편적인 진리가 존재한다는 믿음을 바탕으로 하고 있고, 과학자를 성직자로 하여 인간의 생활 세계로 확산된다. 종교와 과학의 전쟁은 '과학신앙'으로 막을 내린 셈이다.

과학자들의 '진리에 대한 복음'은 우리를 구원으로 이끌 것인가? 유감스럽게도 그런 일은 일어날 것 같지 않다. 인간의 유한성이 극복된 세상이 온다면 그것은 참으로 비극적인 세상이 될지도 모른다. 질병과 죽음이 없는 세상, 고통과 악이 존재하지 않는 세상, 그것은 아마도 의미 있는 어떠한 이야기도 존재하지 않는, 정지된 시간 속을 움직이는 살아 있는 시체들의 세상이 될지도 모른다.

그러나 프래그머티스트의 관점에서 보면 이런 상상은 무의미하다. 왜냐하면 과학기술이 오늘날 하나의 신앙이 된 것은 분명하지만, 우리 삶의 유한성을 제거할 만큼 절대적인 진리에 기초하고 있지는 않기 때문이다. 물론 과학기술은 인류를 위기에 빠뜨릴 만큼 강력한 힘을 가지고 있다. 그러나 그런 위기는 과학기술이 진리라는 데서 오는 것이 아니라 인간들의 근거 없는 믿음, 잘못된 판단이나 의사결정, 실수에서 오는 것이다. 그런 점에서 과학이 초래하는 위기는 사이비 종교가 광신도들을 위기에 빠뜨리는 것과 다르지 않다.

제임스가 종교와 과학이 공존할 수 있는 방안을 찾아서 고민한 이유를 다시 생각해볼 필요가 있다. 그는 아마도 과학이 새로운 종교가 되는 것을 경계했을지도 모른다.

또 듀이가 민주주의 사회에서 개성을 강조한 것도 같은 맥락

에서 생각해볼 수 있다. 과학이 모든 사람들이 무비판적으로 따르는 경전이 될 때 사람들은 자기도 모르게 민주주의를 위기에 빠뜨릴 수도 있다.

과학자들의 관찰과 실험의 결과는 세계에 관한 어떤 것으로 여겨진다. 그러나 과학적 지식은 얼마든지 바뀔 수 있다는 점에 유의해야 한다. 그것은 곧 우리의 과학적 지식이 세계에 관한 한 가지 관점일 뿐 고정불변의 것이 아니라는 말이다. 어떤 지식이 한 시대에 과학적 지식으로 인정받느냐 하는 것은 과학자 공동체 구성원들의 충성도에 의해 결정된다. 과학적 지식이 객관적으로 보이는 이유는 인문학이나 예술에 비해 공유되고 있는 세계관이나 방법론에 대해 공동체 구성원들의 충성도가 높기 때문이다.

이런 식으로 과학적 지식으로부터 보편적이고 절대적인 진리라는 과도한 부담을 덜어낼 때, 그리고 과학적 지식이 우리에게 제시하는 세계의 모습이 우리가 알게 되는 세계에 관한 무수한 모습 가운데 하나일 뿐이라는 사실을 인정할 때, 우리는 삶의 방식에 대해서도 자율적인 판단을 내릴 수 있을 것이다. 과학적인 문화가 우려할 만한 요소를 포함하고 있다는 것은, 그 문화가 우리로 하여금 각자의 삶이 어떠한 모습이어야 하는가에 대한 답을 과학자들이 그려주는 편리한 생활 방식으로 대신하려는 타성을 갖게 하기 때문이다.

프래그머티스트들이 생각하는 다원적인 우주, 민주주의적인 사회의 문화는 그러한 타성을 넘어서 모든 사람이 저마다 자기 삶의 주인임을 자각하게 하는 문화다.

이슈 2

여성 위에 군림하는 억압의 언어

우리 사회에서도 여성과 남성 간의 성차별 문제가 중요한 이슈가 되지만, 가부장적인 관습이 강하게 남아 있는 이슬람권에서 여성 문제는 훨씬 심각해 보인다. 2005년 파키스탄에서는 이른바 '명예살인'관련 사건이 발생해 세상을 놀라게 했다. 40대 가장이 의붓딸과 친딸 3명을 살해했는데 그 이유는 의붓딸이 부정을 저질러 집안의 명예를 더럽혔다는 것이다. 이런 일은 여성을 남성의 소유물로 여기기 때문에 발생한다.

프래그머티스트들은 실천을 통해 더 나은 사회를 만들자고 주장한다. 여성을 남성의 소유물로 간주하는 사회는 반드시 개선되어야 할 사회다.

여성에 대한 폭력은 아마도 여성이 남성에 비해 원래 열등한 존재라는 잘못된 믿음에서 비롯된 것이다. 서구의 여성운동가들 가운데에는 여성성을 통해 남성성을 극복해야 한다고 주장하는 사람들도 있다.

여성성이란 여성이 본래 가지고 있는 여성만의 보편적인 본성을 뜻한다. 과연 그런 것이 있을까? 프래그머티스트들은 이 문제를 어떻게 바라보고 있을까?

여성성은 고통받는 여성을 위해서 없어서는 안 될 단어임에는 틀림없다. 프래그머티스트들은 인간을 자연주의적인 관점에서 보기 때문에 인간에게 주어져 있는 보편적인 본성 같은 것이 있다고 생각하지 않는다. 그래서 그들은 본래부터 주어져 있는 여성성이란 존재하지 않는다고 생각한다. 그렇다고 해서 그런 단어 자체를 부정할 필요는 없을 것이다. 여성성은 고통을 당하는 여성들이 스스로의 정체성을 새롭게 만들어나가는 과정에서 창조되어야 할 요소다.

이것은 마치 새로운 인간의 정체성을 만듦으로써 새로운 도덕적 규범을 만들어가는 과정과 같다. '왕후장상의 씨가 따로 있느냐'고 물었던 노비 만적은 노예 신분에 있는 사람들에게 새로운 정체성을 부여함으로써 그들이 얼마나 부당한 처지에 있는지를 폭로했다.

여성성에 대한 창조 역시 새로운 도덕적 규범을 만드는 데 기여할 것이다. 도덕적 규범은 때때로 그것을 지키기 위해서 우리의 목숨을 걸 것을 요구하기도 한다. 이런 경우 우리는 '이러저러한 행위를 하느니 차라리 죽는 것이 낫다'라고 말한다. 그런데 여기서 차라리 죽는 것이 낫다고 여겨지는 행위나 상황은 문화마다 엄청난 차이가 있을 수 있다. 유교적인 전통의 동아시아에서는 여성이 정절을 잃는 것은 죽느니만 못하다고 여겨졌다. 그러나 다른 문화권의 어떤 부족은 귀한 손님이 오면 자신의 아내와 동침하게 한다.

또 파푸아뉴기니의 젊은이들은 사람 사냥을 한 경험이 없을 경우 심한 수치심을 느낀다.

여기서 언급한 예들이 만약에 보편적인 도덕성과 관련된 것들이라면, 우리는 정절이 유린당하거나 사람 사냥을 하지 않은 경우 인간성이 훼손된 것으로 간주하여 '인간이 아니다'라는 판단을 내려야 할 것이고, 인간으로서 살 가치가 없다고 말할 수도 있을 것이다.

인간이 선험적인 도덕적 본성을 가지고 있다고 믿었던 칸트는 그런 도덕적 규범을 내면화하고 있는 집단의 사람들에 대해 인간이 아니라고 말할 것인가? 그럴 수는 없을 것이다. 칸트식의 설명이 가지고 있는 오류는 인간의 도덕적 본성이 보편적인 완성체로 형성되어 있다고 전제하는 것이다. 인간의 정체성은 여러 가지 우연한 상황들 속에서 새롭게 만들어진다. 내가 속한 공동체의 도덕적 규범에 대해서 내가 그것을 당위적인 것으로 여기는 것은 공동체가 마련한 인간의 정체성에 대해 아무런 의심을 품고 있지 않은 상황에서 가능한 일이다. 그러나 만약에 내가 어떤 행위를 하느니 죽는 것이 낫다는 생각 자체에 대해 회의하기 시작하는 순간 나는 그 정체성에 대해서도 의심을 하기 시작한 것으로 볼 수 있다.

여성의 새로운 도덕적 정체성을 만들어가는 일은 새로운 언어를 제공하는 것과 관련이 있다. 이것은 거꾸로 보면 현재 벌어지고 있는 여성에 대한 억압은 가부장적인 남성의 언어가 주류를 형성하고 있기 때문이라고 할 수 있다.

여성 문제에 대한 프래그머티즘적 대안을 제시하는 로티의 다음과 같은 언급을 살펴보자.

> 이전에는 행해지지 않았던 역할을 누군가 새로 만들어내지 않는 한, 불의는 그것을 통해 고통받는 사람조차도 불의로 느껴지지 않을 수가 있다. 누군가가 꿈을 가지고 그 꿈을 서술할 목소리를 가지고 있다면, 자연적인 것으로 여겨졌던 것은 문화적인 것으로, 숙명으로 여겨졌던 것은 도덕적 혐오물로 보이기 시작한다. 왜냐하면 그때까지는 억압자의 언어만이 접근 가능했으며 대부분의 억압자들은, 피억압자가 스스로를 피억압자로 서술하는 것이 스스로에게 미친 짓이라고 들리게 하는, 억압된 언어를 가르치는 기지를 가지고 있었기 때문이다.
>
> 리처드 로티, 《진리와 진보 Truth and Progress》
> 〈페미니즘과 프래그머티즘 Feminism and Progmatism〉 (1998)

어떤 사람들은 여성주의자들의 주장을 부자연스럽다거나 심지어 혐오스럽다고까지 말하기도 한다. 예를 들면 군대에 다녀온 사람들에게 가산점을 주는 제도에 대해 여성 단체에서 비판을 하면, 매우 과격하게 반응을 보이는 사람들이 더러 있다. 또 직장이나 학교에서 이루어지는 성희롱 문제를 지적하는 사람에게 별것도 아닌 것을 가지고 공연한 트집을 잡는다고 반응하는 사람들도 있다.

로티의 관점에서 보자면, 이들의 이런 반응은 스스로가 억압의 언어에 익숙해 있기 때문이다. 프래그머티스트의 관점에서 본다면, 여성 문제는 사회 구성원들이 새로운 도덕적 정체성을 만들어냄으로써 해결될 수 있다. 이런 목표를 위해서라면 새로운 언어를 만들어내는 것을 장려하고 그것이 가져다주는 불편함은 기꺼이 감수해야 할 것이다.

북한 인권 문제 해결책,
프래그머티스트에게 묻는다

　　프래그머티스트들은 바람직한 사회의 모습을 이론적으로 밝혀낼 수 있다고 생각하지 않는다. 더 나은 사회를 만들어가는 데 필요한 것은 이론이 아니라 실천이며, 고통스러운 삶을 사는 사람들을 위한 정치적인 연대다. 이들은 인간 사회에서 하루빨리 없어져야 하는 것이 잔인성이라고 생각한다. 다른 사람을 고통스럽게 만들거나 그런 사람을 보고도 아무런 행동도 취하지 않는 사람들은 모두 잔인하다고 할 수 있다. 물론 사람이 고통을 당하는 이유는 여러 가지가 있다. 직접적인 폭력에 의해서 고통을 당할 수도 있고, 사회의 제도나 관습, 또는 편견 같은 것에 의해서 고통을 당할 수도 있을 것이다. 프래그머티스트들이 생각하는 더 나은 사회는 이런 고통스러운 일이 점차 없어지도록 우리 사회에서 잔인성을 감소시키는 일이다. 이것은 한 개인이 사회 속에서 행복하게 살기 위해서는 어떤 조건이 충족되어야 하는가 하는 문제와 관련되어 있다.

북한의 경제 사정이 최악의 상태이기 때문에 북한 사람들이 굶주림에 시달리고 있으며, 자국 내에서 북한의 체제를 비판하는 사람들은 혹독한 처벌을 받는다는 것은 전 세계적으로 잘 알려진 사실이다. 북한의 개방과 개혁은 체제 자체를 위험에 빠뜨릴 수도 있기 때문에 북한 정권은 이러지도 저러지도 못하는 상황이다. 북한의 인권 문제를 말하는 것은 곧 북한 체제에 대한 도전으로 여겨진다.

같은 사회주의 국가이면서도 중국은 덩샤오핑鄧小平, 1904~1997의 실용주의 노선으로 경제 성장의 기회를 잡았고, 이후 눈부신 발전을 했다. 우리가 살펴본 프래그머티즘은 북한과 같이 여러 사람을 고통에 빠뜨리는 사회에 대해 어떤 대안을 제시할 수 있을까? 중국식 실용주의 노선은 우리가 살펴본 프래그머티즘과 같은 의미로 해석할 수 있을까?

우선 프래그머티스트들은 이론적인 차원에서 보편적인 인간의 본성 같은 것을 인정하지 않기 때문에 모든 인간은 태어나면서부터 동등한 권리를 가진다는 식의 생각에 동의하지 않는다. 따라서 고통을 당하는 사람들의 처지를 개선하기 위해서 그들이 타고난 인권을 보호해야 한다는 식으로 말하는 것은 프래그머티스트들의 방식은 아니다. 그것은 너무 큰 이론적 전제를 가지고 접근하는 태도이기 때문이다. 프래그머티스트들은 오히려 구체적인 상황에서 무엇이 그들을 고통스럽게 하는가를 살펴보고 그것을 제거하자고 제안할 것이다.

그러나 프래그머티스트들도 인간이 행복한 삶을 살기 위해서는 몇 가지 기본적인 요건이 충족되어야 한다는 데에는 이의가 없다. 최인훈(1936~)의 소설 《광장》(1960)은 그런 조건에 대해 매우 적절하게 다루고 있다. 최인훈은 1961년판 서문에서 '광장'과 '밀실'을 삶의 조건으로 말하고 있다. 그는 '광장은 대중의 밀실이며 밀실은 개인의 광장'이라고 말하면서 인간에게는 이 두 가지가 모두 필요한 것이라고 주장한다.

《광장》의 주인공인 이명준은 남한과 북한을 오가면서 찬란한 광장과 애틋한 밀실을 꿈꾸었지만 실패한다. 로티의 표현으로 바꾸어 말하면 광장은 공적인 연대성의 영역이고, 밀실은 사적인 자율성의 공간이다.

최인훈이 광장과 밀실의 중요성을 동시에 강조하고 있다는 점에서 이명준은 인간의 연대성에 대한 욕구와 사적인 완전성에 대한 소망을 병렬적으로 추구하는 로티의 '자유주의 아이러니스트'의 한 유형이라고 할 만하다. 로티 역시 최인훈과 마찬가지로 인간에게 있어서 공적인 영역과 사적인 영역, 정치적인 공간과 개인적인 공간, 잔인성을 감소시키기 위한 연대와 자아창조를 위한 자율성, 정의와 미*의 두 가지 개념이 모두 중요하다고 생각한다.

형이상학적인 철학자들은 이 두 영역이 서로 어떤 관계를 가지고 있는지 이론적으로 밝히고 그런 지적인 탐색을 통해서 어떤 '합리적'인 실천 방안이 제시될 수 있을 것이라고 믿는다. 예를 들면 잔인성은 왜 나쁜가에 대한 어떤 이론적인 설명을 할 수 있다고 보는 것이다. 로티는 이런 부류의 시도를 플라톤과 기독교를 계승하는 낡은 유물이라고 생각한다. 고문이 왜 나쁜가에 대한 이론적인 설명이 고문과 같은 잔인한 행위에 반대하는 사람들의 연대에 도움이 될까? 로티가 자유주의의 가치를 추구하는 사람들에게 '아이러니스트'라는 명칭을 덧붙여 창조하고자 한 새로운 유형의 인물은, 잔인한 행위가 왜 나쁜가에 대한 이론적 합의에 이르지 않더라도 그 행위에 반대하는 연대에 참여함으로써 자유의 폭을 넓혀가려는 실천에 나서는 인물이다. 로티는 폭력과 잔인성에 대한 수많은 철학자들의 서술이 어떤 근본적인 성찰에 도달한 것이라기보다는 하나의 '재서술'에 불과하다고 생각한다. 공적인 영역에서 필요한 것은 보통 사람이 접근할 수 없는 심원한 이론적인 성찰보다는 잔인성을 몸으로 느끼는 사람들이 그것을 감소시키기 위해 구체적인 실천에 나서는 일이다. 굳이 그것이 왜 나쁜가에 대한 이유를 대라면 아마도 저마다 다른 이유가 있을 것이다.

로티의 '자유주의 아이러니스트'는 각자가 저마다의 마지막 어휘를 가지고 고민하면서 살아갈 수 있는 '밀실'을 확보하기 위해 실천적인 연대의 '광장'에 나서는 것을 우선적인 과제로 삼는다.

지식인들이 할 일이란 폭력의 이론적 부당성을 입증하는 일이 아니라, 일상적인 폭력에 길들여져 고통에 무감각해져 있거나 지나친 고통으로 인해 자신의 고통스런 상황을 전달할 수 없는 처지에 있거나, 아니면 무관심으로 인해 스스로가 타인에게 고통을 주고 있다는 사실을 깨닫지 못하는 사람들을 일깨우는 일이다.

만일 한 사회의 체제가 사람들을 고통에 빠뜨리고 있다면 프래그머티스들은 그 체제에 반대할 것이다. 그리고 한 체제 내의 어떤 문제들이 그런 상황을 만들어낸다면 그 문제들을 해결할

실천적 대안을 제시하려고 할 것이다. 그들의 이런 시도는 인권이라는 거창한 개념을 위해서가 아니라 현실의 구체적인 고통을 감소시키기 위해서다.

이슈 4

'문명 충돌' 해결의 실마리, 다원주의

새뮤얼 헌팅턴^{Samuel P. Huntington, 1927~}은 《문명의 충돌^{The Clash of Civilizations and the Remaking of World Order}》(1996)을 통해 앞으로는 이데올로기가 아니라 문명 간의 갈등을 통해 세계가 재편될 것이라고 말한 바 있다. 냉전의 시대가 끝나고, 정보통신기술이 급속하게 발달하면서 세계화가 빠른 속도로 진행되고 있다. 이 과정에서 자본주의적 시장을 지배하고 있는 서구의 국가들은 비서구 문명권에 자신들의 가치를 강요하게 된다. 미국이 이라크를 침공한 이후 이슬람권의 저항과 테러는 더 심해졌다. 문명의 충돌은 전쟁과 테러의 모습으로 세계 도처에서 일어나고 있다.

여러분은 무시무시한 소리를 지르며 말을 타고 달려드는 인디언을 서부의 총잡이들이 멋지게 총으로 쏘아 해치우는 서부영화를 본 기억이 있을 것이다. 서부영화는 야만적인 인디언들이 문명을 전파하려는 서구인들에 의해 제거되어야 한다는 메시지가 숨어 있다. 이런 상황은 꼭 서부영화 안에서만 벌어지는 것이 아

니다. 오늘날 맥도널드와 코카콜라로 상징되는 미국의 문화는 전 세계인들이 즐기는 보편적인 문화처럼 받아들여지고 있다. 헌팅턴은 서구인들이 자신들의 문화가 보편적인 것이라고 생각하는 오만한 태도가 문명 간의 충돌을 일으킨다고 비판한다.

이런 문제에 대해서 프래그머티스트들은 어떻게 생각하고 있을까?

우리가 앞에서 이미 살펴보았듯이 프래그머티스트들은 기본적으로 다원주의자들이다. 이 세상에는 절대로 옳은 하나의 진리가 존재할 수 없다. 제임스의 다원적 우주론은 그런 입장을 잘 나타내주고 있다. 제임스는 이 우주가 하나의 모습이 아니라고 말했다. 이 우주는 온갖 무질서와 혼란을 포함하고 있으며, 그 속에서 부분적인 통일성을 보여주는 다원적인 우주다. 제임스의 관점에서 보자면, 서구의 문명이 보편적인 성격을 가지고 있다고 믿는 것은 서구인들이 우주를 관통하는 하나의 진리를 깨닫고 있다는 잘못된 믿음에서 비롯된 것이다. 완전한 문명은 이 세상에 존재하지 않는다. 따라서 우리는 다른 문명에 속한 사람들의 생각을 존중하고 차이를 인정하면서 이 세상을 좀 더 나은 방향으로 개선할 수 있는 방안을 끊임없이 모색해야 할 것이다.

인간의 사회 제도를 다양한 정책의 실험장이라고 생각한 듀이에게서도 이런 다원주의적인 생각을 엿볼 수 있다. 듀이가 생각하는 민주주의란 다양한 개성을 가진 개인들이 자신들의 개성을 마음껏 발휘하면서 살 수 있는 문화적 공간을 만들어내는 것과 밀접하게 관련되어 있다. 어떤 사회 제도와 정책이 올바른 것인지 미리 주어진 해답이 없기 때문에 민주주의 사회에서는 다양한 의견을 가진 사람들이 서로의 입장을 조정하는 지속적인 대화의 과정이 필수적이다.

제임스와 듀이의 영향을 받은 로티는 이런 다문화주의에 대한 자신의 생각을 자문화중심주의라는 단어로 표현한 적이 있다. 사실 이 용어는 서구중심주의적인 생각을 나타내는 용어로 사용되었지만, 로티는 이 용어를 정반대의 의미로 사용하고 있다. 어떤 문화도 보편적인 문화가 될 수 없기 때문에 각 문명권의 사람들은 저마다 자신이 속한 문화권의 관점에서 세상을 볼 수밖에 없다는 것이다. 따라서 그 누구도 자신의 관점이 절대적으로 옳다고 주장해서는 안 된다는 것이 로티의 생각이다.

자문화중심주의적 관점에서 문화를 바라본다는 것은 문명의 충돌과 같은 문제가 발생했을 때, 어떤 원칙적인 기준을 가지고 실천 방안을 제시하자는 것이 아니라, 자신이 속한 사회 문화 공동체에서 출발해서 구체적인 대화를 통해 시야를 넓혀나가자는 것이다. 이런 태도는 곧 열린 태도를 가지고 문화적 다양성을 수용하자는 제안으로 볼 수 있다.

Epilogue

지식인 지도

플라톤
데카르트
다윈
본질주의
합리론
진화론
퍼스
제임스
듀이
미드
홈스
프래그머티시즘
고전적 프래그머티즘
하버마스
아펠
하이데거
가다머
의사소통이론
철학적 해석학

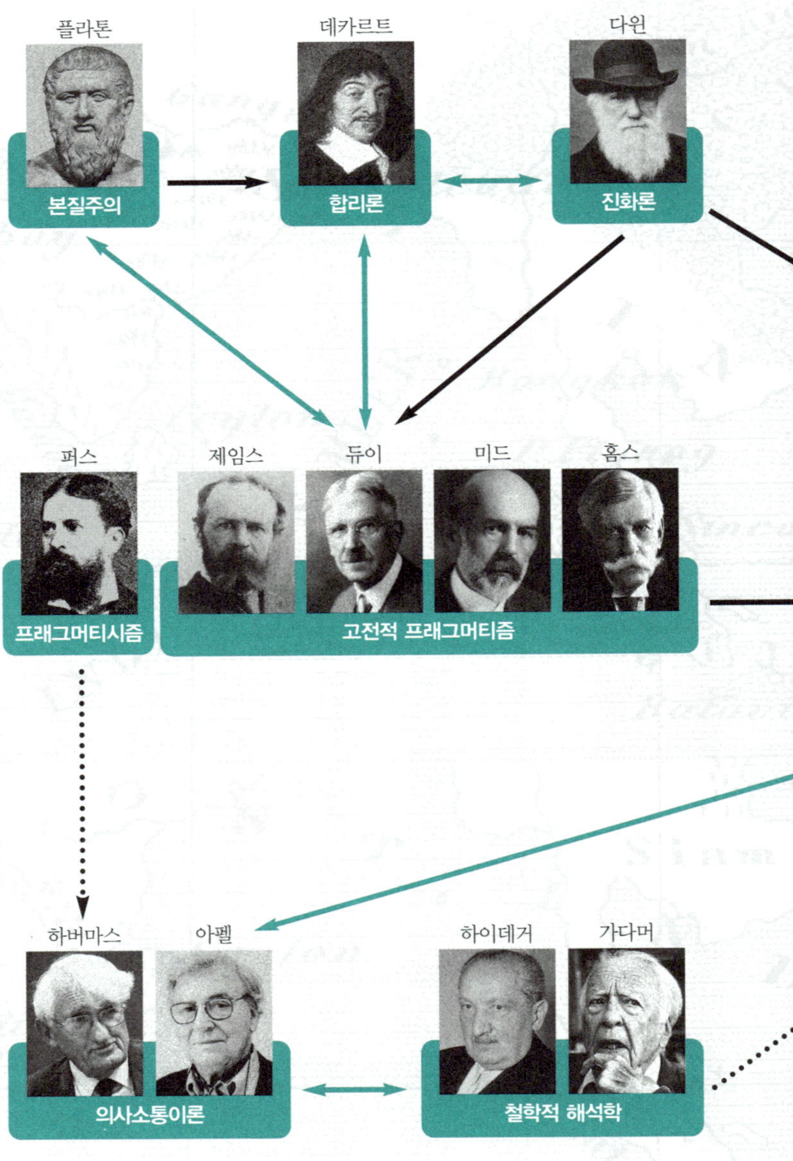

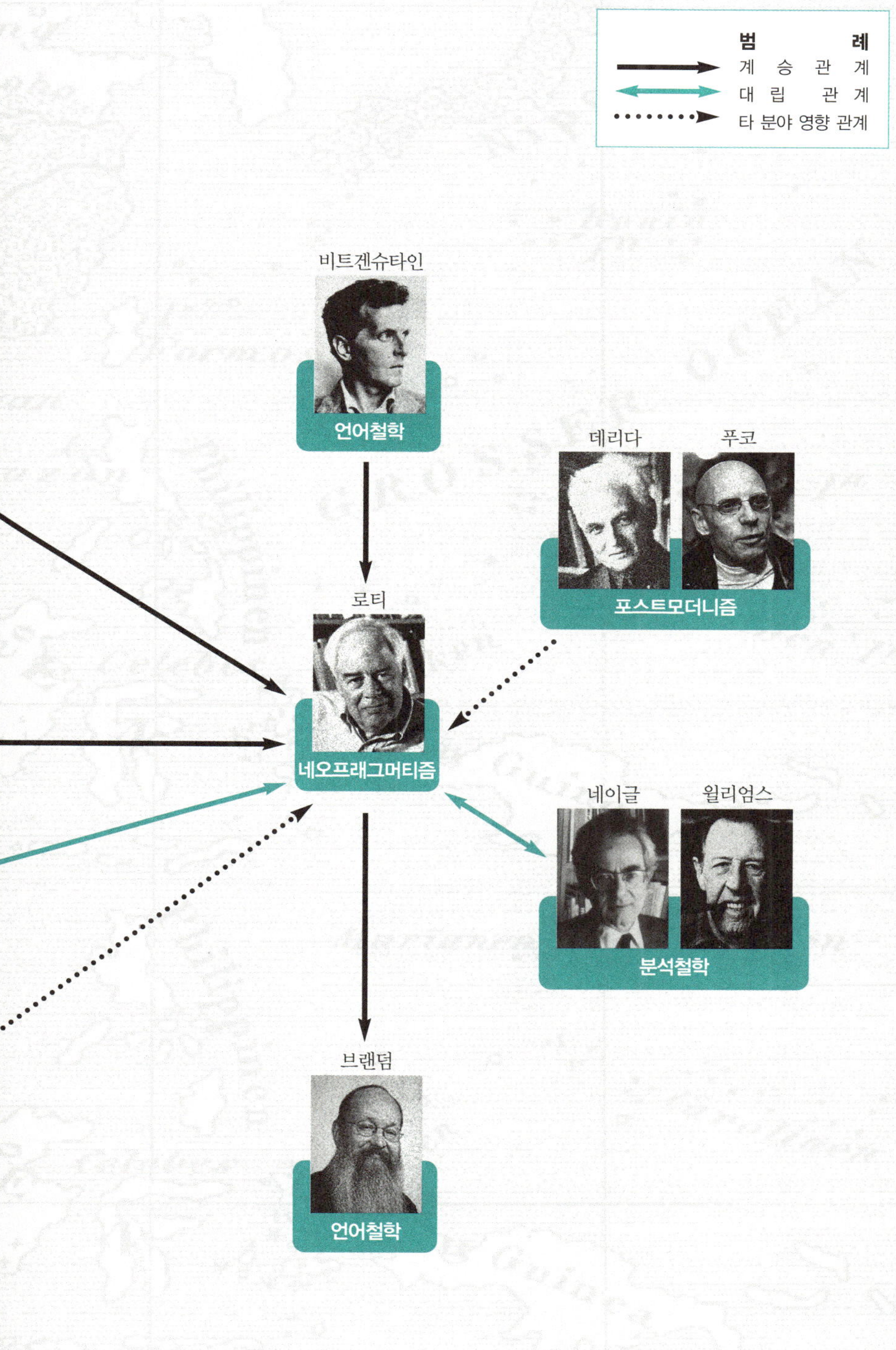
범   례
계 승 관 계
대 립 관 계
타 분야 영향 관계
비트겐슈타인
언어철학
데리다
푸코
포스트모더니즘
로티
네오프래그머티즘
네이글
윌리엄스
분석철학
브랜덤
언어철학

지식인 연보

• 듀이

1946   재혼

1951   예일 대학 명예 문학박사

1952   사망

• 로티

1931   뉴욕에서 출생

1949   시카고 대학 학부 졸업

1952   시카고 대학 석사

1956   예일 대학 박사, 강사

1957   군입대

1958   웰슬리 컬리지 강사, 조교수

1961   프린스턴 대학 철학과 교수

1979   《철학과 자연의 거울》 출간, 프래그머티즘의 복권을 선언

1932   버지니아 대학 철학과 및 영문학과 교수로 취임

1939   《우연성, 아이러니, 연대성》 출간

1996   한국학술협의회 초청으로 한국강연

1998   《미국만들기》 출간, 스탠퍼드 대학의 비교문학과 교수로 옮김

2000   《철학과 사회적 희망》 출간

2001   한국학술협의회 초청으로 두 번째 한국강연

2007   췌장암으로 사망

키워드 찾기

- **가설법** abduction 퍼스가 생각한 과학적 탐구의 논리 가운데 하나다. 퍼스는 과학적 추론 과정에서 연역과 귀납 이외의 추론 단계가 필요하다고 생각했고, 그것을 가설법이라고 불렀다. 이것은 설명 가설을 만들어내는 추론을 말한다.

- **거울 이미지** mirror image 네오프래그머티스트인 로티가 플라톤주의적인 본질주의를 비판하기 위해 사용한 은유적인 표현이다. 우리가 말하고 생각하는 것과는 무관하게 객관적으로 영원불변의 진리가 존재한다고 믿는 철학자들은 그런 진리를 인식할 수 있는 능력이 우리에게 주어져 있다고 생각했다. 플라톤의 이성, 데카르트의 마음, 칸트의 오성·감성 형식 같은 것은 모두 그런 능력에 대한 이름이다. 로티는 이런 개념들을 거울 이미지라고 부르고 있다.

- **결정론** determinism 우주의 모든 것이 법칙에 의해 지배된다고 믿는 입장이다. 좁은 의미에서는 물리적인 우주의 모든 것이 원인에 의해서 통제된다는 것을 말하지만, 넓게 보면 인간의 역사나 운명이 신의 섭리와 같은 궁극적인 원인에 의해 정해진다는 것을 말하기도 한다. 인간의 창조성과 자유의지를 중요하게 생각하는 프래그머티스트들은 결정론적인 사고에 반대하고 있다.

- **관념** idea 철학자들마다 조금씩 다른 의미로 사용하는 단어다. 경험론에서는 감각 경험을 통해서 얻은 대상에 대한 마음의 이미지 정도로 여겨진다. 우리가 앞에 놓인 컵을 눈을 통해 바라보게 되면 우리의 마음속에는 컵이라는 관념이 생겨난다.

- **구원적 진리** redemptive truth 서구의 기독교와 플라톤의 전통에서는 '진리가 우리를 구원하리라'는 믿음을 가지고 있다. 우리가 사는 세상의 모든 것들은 덧없이 사라질 것이기 때문에 진리가 아니며 따라서 우리를 영원히 살지 못하게 한다. 우

리를 영원히 살게 할 수 있는 것은 기독교에서 말하는 천국이나 플라톤이 말하는 이데아의 세계에 있는 진리다. 로티는 이런 진리는 없다고 주장했다.

• **귀납법** induction 관찰된 개별적인 사실들을 전제로 해서 일반적인 결론을 이끌어내는 추론의 방법이다. "모든 까마귀는 검다"라는 명제는 모든 까마귀에 대한 일반적인 사실을 주장하고 있다. 이런 결론은 개별적인 까마귀를 하나하나 관찰해서 얻은 자료를 바탕으로 추론해낸 것이다. 그런데 이 세상의 모든 까마귀를 관찰한다는 것은 불가능하기 때문에 이 결론은 필연적인 참이라고 말할 수는 없다.

• **논리실증주의** logical positivism 실험이나 관찰을 통해 참·거짓을 밝힐 수 없는 명제는 모두 무의미한 명제라고 주장했던 철학적 입장이다. 이런 주장을 한 인물들은 카르납(R. Carnap), 노이라트(O. Neurath) 등이 주축이 된 빈 학단의 학자들이었는데, 이들은 형이상학, 신학, 윤리학의 명제들은 모두 무의미한 명제라고 해서 철학적 논의의 영역에서 배제할 것을 주장했다.

• **다원적 우주론** pluralistic universe 제임스가 주장하고 있는 우주론이다. 제임스는 경험과 자연이 둘로 나뉠 수 없다는 근본적 경험론을 주장했는데, 이 이론에 의하면 우리의 경험은 다른 경험과 관계를 형성해서 또 다른 경험을 만들어내기도 한다. 이런 경험을 통해서 우리는 세계의 모습을 보게 되므로 이 세계는 늘 새롭고 신기한 것이 나타나는 세계가 된다. 이 세계는 정해져 있는 그림이 없으므로 여러 가지 모습으로 나타나게 되는데, 이런 세계를 제임스는 다원적 우주라고 했다.

• **데카르트주의** Cartesianism 데카르트는 모든 지식의 확실한 기초를 찾으려고 했다. 그래서 그가 찾아낸 명제가 바로 '나는 생각한다. 고로 나는 존재한다'이다. 이 말은 우리의 생각할 수 있는 능력인 이성 또는 마음이 우리의 몸과는 별개의 실체라는 것을 주장하는 것이다. 그는 우리의 이성 능력이 선천적인 것이며, 경험을 통하지 않고도 그 확실성을 알 수 있다고 주장했다. 이런 데카르트의 생각을 따라서 인간의 본질을 이성에서 찾는 입장을 데카르트주의라고 한다.

• **도구주의** instrumentalism 듀이가 자신의 프래그머티즘에 대해 붙인 이름이다. 여기서 말하는 도구란 목적을 달성하기 위한 수단이나 방법을 뜻한다기보다는 우리의 생각이나 경험, 개념 같은 것들이 모두 문제 해결을 위한 도구 역할을 한다는 것이다. 퍼스 역시 이론이나 언명이 그 진위에 상관없이 유용한 예측을

위한 도구가 될 수 있다고 생각한 점에서 과학에 대해 도구주의적인 관점을 가지고 있었다.

• **로고스중심주의** logoscentrism 로티는 서구의 플라톤주의 전통을 로고스중심주의라고 부르고 있다. 이것은 이성중심주의라고 할 수도 있겠는데, 인간의 본질이 진리를 파악할 수 있는 이성 능력에 있다고 보는 입장이다.

• **문학적인 문화** literary culture 영원불변의 진리에 대한 탐구가 아니라, 모든 사람들의 개성이 존중되고 다양한 삶의 방식이 인정되는 문화를 로티는 문학적인 문화라고 불렀다. 로티는 정치 영역에서 진리를 말하는 것은 위험한 결과를 가져올 수 있다고 생각했다. 정치적인 실천의 영역은 다양한 의견을 가진 사람들이 서로 대화하고 타협하는 장소다. 로티는 개개인이 자신이 옳다고 믿는 것을 말할 권리를 얻게 될 때 진리의 문제도 다양하게 논의될 수 있다고 생각한다.

• **반표상주의** anti-representationalism 플라톤주의 전통에서는 우리의 이성이나 언어가 대상을 표상한다고 믿었다. 우리가 '이것은 컵이다'라고 말할 때 그 말의 참·거짓을 결정해주는 것은 '그것이 컵이라는 사실'이라고 생각하는 것이 표상주의적인 관점이다. 로티는 이런 생각에 반대해서 반표상주의를 주장했다. 그에 의하면 '이것은 컵이다'라는 말의 참·거짓은 다른 사람들이 그 말을 어떻게 받아들이느냐에 달려 있는 문제다.

• **보증된 주장가능성** warranted assertibility 듀이는 진리라는 말 대신에 보증된 주장가능성이라는 말을 사용했다. 우리가 무엇을 참이라고 주장하는 것은, 그것이 어떤 사실과 맞아떨어지거나 다른 말들과 앞뒤가 잘 맞아서가 아니라 문제를 해결해주는 유용성을 갖기 때문이다. 그런 유용성은 여러 사람의 실천을 통해서 보증된다. 이렇게 한 언명이 여러 사람들에 의해 유용하다고 테스트된 결론을 포함하고 있을 경우 그 언명에 대해 우리는 보증된 주장가능성을 갖는다고 말한다.

• **본질주의** essentialism 플라톤은 이 세계를 영원한 진리의 세계인 이데아의 세계와 덧없이 사라지는 우연적인 세계로 나누어보았다. 이데아의 세계는 모든 사물의 본질이 존재하는 세계이며 이 세상은 그 본질을 모방함으로써 나타나는 현상의 세계다. 이렇게 본질과 현상을 구분하고 진리가 본질의 세계에 존재한다고 보는 관점을 본질주의라고 말한다.

• **자아창조** self creation 자아란 발견되어야 할 완성체가 아니라 항상 변하고 있는

신념과 욕망의 그물로서, 우리 각자가 만들어갈 수밖에 없는 어떤 것이라는 점에서 로티가 강조하고 있는 용어다.

- **사회적 유기체** social organization 개인을 하나의 고립된 단위로 보는 관점을 비판하면서 듀이는 개인과 사회가 뗄 수 없는 하나의 유기체를 이루고 있다고 보았다. 듀이의 관점에서 사회와 무관한 개인이란 현실적으로 존재하지 않는 상상의 산물에 불과하다.

- **선험적** a priori 경험을 하기 이전에, 경험에 앞서 있는 어떤 것을 말한다. 반대말은 후험적(a posteriori)이다. 프래그머티스트들은 인간에게 어떤 선험적인 능력 같은 것이 있다고 믿지 않는다. 이성이라는 것 역시 진화의 산물로서 인간에게 선험적으로 주어진 것이 아니다.

- **순수경험** pure experience 지적인 반성이 있기 전의 직접적인 경험으로서, 해석이나 개념 등이 개입되지 않은 순수한 의식의 상태를 일컫는다. 제임스는 이 경험을 기초로 자신의 근본적 경험론을 전개했다. 제임스의 관점에서 경험과 자연은 별개의 것이 아니기 때문에 데카르트의 심신이원론은 잘못된 관점으로 여겨진다.

- **실재** reality 겉으로 보이는 것이 아닌, 진정으로 존재하는 것을 일컫는다. 과연 진정으로 존재하는 것이 무엇이냐에 대한 입장에 따라서 철학자들은 관념론자가 되기도 하고, 유물론자가 되기도 한다. 프래그머티스트들은 대체로 인간의 관여를 벗어난 실재의 존재를 인정하지 않았다.

- **실험주의** experimentalism 듀이는 자신의 입장을 실험주의라는 용어로 부르기도 했다. 어떤 이론이나 가설이 문제 해결을 위해 유용한지 알아보려면 반드시 실험을 거쳐야 한다고 생각했기 때문이다. 여기서 말하는 실험은 자연과학자의 실험만을 의미하지는 않는다. 듀이는 사회 자체가 다양한 정책의 실험장이라고 생각했다.

- **아가페** agapē 사랑을 뜻하는 그리스어로서, 에로스가 대상의 가치를 추구하는 자기중심적인 사랑을 뜻하는 데 반해 아가페는 대상 자체를 사랑하는 이타적인 사랑을 뜻한다. 퍼스는 여기에 '진화적 사랑'이라는 이름을 붙이고 이것이 우주 진화의 원리라고 생각했다.

- **아이러니스트** ironist 절대불변의 진리가 없다고 생각하는 지식인에 대한 로티의 명칭이다. 로티는 본질과 현상의 이분법적인 관점을 부정하고 있기 때문에

절대적으로 참인 진리는 없으며, 그때그때 우리가 참된 것이라고 부를 수 있는 것만이 존재한다고 생각한다. 따라서 아이러니스트는 자신이 옳다고 믿는 것에 대해서도 그것이 절대로 옳은 것이라는 신념은 가지고 있지 않다.

- **연역법** deduction 전제가 참일 때 결론이 필연적으로 참이 되는 추론의 방식이다. 아리스토텔레스의 삼단논법 같은 경우가 전형적인 연역 추론이다. 여기서 전제가 참일 때 결론이 참이 되는 이유는 추론의 형식 때문이다.

- **오성·감성 형식** form of understanding and sensibility 칸트는 우리의 인식 능력이 선험적으로 주어진다고 생각했다. 인식 능력은 둘로 나눌 수 있는데, 먼저 오성 형식이란 열두 가지 범주를 말하며, 감성 형식이란 시간과 공간을 뜻한다. 칸트는 이 두 형식을 통해서 세계를 알 수 있으며, 이때 우리가 아는 세계는 우리의 인식 틀을 거쳐서 나온 세계이기 때문에 세계 그 자체의 모습이 아니라 단지 현상계라고 부를 수 있을 뿐이라고 생각했다.

- **우연주의** tychism 그리스어 티케(tyche)는 우연, 기회 등을 뜻한다. 퍼스는 우리의 우주가 어떤 정해진 법칙에 따라서 움직이는 것이 아니라 우연한 기회에 의해서 자발적으로 진화해나간다고 보았다. 이런 퍼스의 입장을 우연주의라고 일컫는다.

- **재서술** redescription 로티는 우리가 세계에 대해 설명하는 것이 세계를 있는 그대로 보여주는 것이 아니라 각자 자신이 처한 맥락에서 서술하는 것이라고 보았다. 이런 서술은 세계의 사물들과 비교되는 것이 아니라 다른 서술들과 비교된다. 그런 의미에서 모든 서술은 다른 서술들을 전제해야 하며, 따라서 재서술이라고 할 수 있다.

- **진리대응설** correspondence theory of truth 한 언명의 참·거짓이 그 언명이 지칭하고 있는 대상에 의해서 결정된다고 생각하는 진리론의 입장을 말한다.

- **진리정합설** coherence theory of truth 한 언명의 참·거짓이 다른 언명과의 정합성에 의해서 결정된다고 생각하는 진리론의 입장을 말한다.

- **진화적 실재론** evolutionary realism 퍼스는 인간만이 아니라 우주도 나름대로 습관을 형성한다고 보았다. 진화적 실재론이란 퍼스가 결정론에 반대해서 우주의 습관이 자발성을 가지고 스스로 진화해간다고 본 관점이다. 퍼스가 말하는 우주의 습관이란 결국 자연법칙을 뜻하는 것인데 퍼스는 자연법칙을 포함해서 변

하지 않는 법칙은 없다고 생각했다.

• **창조적 지성** creative intelligence 다원주의의 영향을 받은 프래그머티스트들은 미리 정해져 있는 우주의 법칙이나 인간의 운명 같은 것은 없다고 생각한다. 중요한 것은 우리가 처한 환경을 좋은 쪽으로 개선해나가는 것이다. 현실을 바꾸는 힘은 미래를 개척하려는 노력에서 나온다. 더 나은 우리의 삶을 위해 봉사하는 지성을 듀이는 창조적 지성이라고 불렀다.

• **철학적 해석학** philosophical her-meneutics 독일의 철학자 가다머의 입장을 말한다. 해석학이란 원래 이해에 관한 이론이다. 해석학자들은 우리가 무엇을 이해하기 위해서는 전체와 부분의 연관을 파악해야 한다고 생각한다. 가다머는 선입견이 없는 이해는 없다고 말함으로써 맥락주의적인 입장을 표명했다.

• **프래그머티시즘** pragmaticism 프래그머티즘이라는 용어는 처음에 퍼스에 의해서 만들어졌지만, 막상 그 용어를 대중화시킨 것은 제임스였다. 퍼스는 제임스가 말하는 프래그머티즘이 실재론적인 측면이 강한 자신의 철학적 입장과 다르다고 생각해서 프래그머티시즘이라는 용어를 새로 만들어냈다.

• **프래그머티즘의 격률** pragmatic maxim 실제적인 효과를 통해서 개념의 의미를 이해할 수 있다는 퍼스의 의미론적 기준을 뜻한다. 제임스는 이것을 어떤 언명이 참이라는 것이 무엇을 뜻하는지를 설명하는 말로 받아들였다.

• **해체주의** deconstructionism 포스트모더니스트라고 일컬어지는 프랑스 철학자들의 철학적 입장을 뜻한다. 이들은 로고스중심주의에 반대해서 영원불변의 진리는 존재하지 않으며, 동일성보다는 차이를 강조했다. 특히 데카르트적인 이성적 주체의 개념을 부정함으로써 근대적인 주체의 개념을 해체시켰다고 평가된다.

• **현금가치** cash value 제임스는 우리의 지식이 반드시 현금가치를 지녀야 한다고 말했다. 아무리 대단한 지식이라고 하더라도 그 지식이 아무런 유용성이 없다면 쓸모없는 것이 된다. 현금가치란 지식이 가지고 있는 유용성을 뜻한다.

• **형이상학** metaphysics 경험세계를 초월하여 존재하는 본질에 관한 궁극적인 원인을 체계적으로 연구하는 학문을 뜻한다. 제임스, 퍼스, 듀이 등의 고전적인 프래그머티스트들은 나름대로의 형이상학적 관점을 가지고 있었으나 그들이 생각하는 본질의 세계 역시 반드시 인간의 경험과 관련되어 있는 것으로 여겨졌다. 네오프래그머티스트인 로티는 형이상학을 철저하게 부정했다.

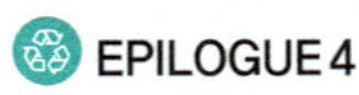 **EPILOGUE 4**

깊이 읽기

• 이유선, 『리처드 로티』 – 이룸, 2003

이 책은 가능한 한 쉽게 쓰려고 노력한 리처드 로티에 관한 입문서다. 로티의 언어철학, 심리철학, 사회철학의 입장을 어렵지 않게 풀어 썼는데, 두껍지 않아 비교적 간편하게 읽을 수 있다. 저자는 이 책에 로티에 대한 비판적인 관점이 빠져 있어서 아쉽다는 평을 들었다. 로티의 사상에 대해 우호적인 입장을 가지고 읽을 사람에게 추천.

• 김동식, 『로티의 신실용주의』 – 철학과현실사, 1994

리처드 로티의 철학 사상에 대한 체계적인 저서다. 일반대중을 대상으로 한 입문서라기보다는 로티의 사상에 대해서 관심 있는 철학 전공자를 위한 책이라고 할 수 있다. 마음먹고 로티를 읽어보겠다고 결심한 사람이 도전해볼 만한 책이다.

• 김동식, 『프래그머티즘』 – 아카넷, 2002

고전적인 프래그머티즘에서 네오프래그머티즘까지 프래그머티즘 전반을 다루고 있는 연구서다. 이 책은 저자가 여러 곳에 발표했던 논문들을 새롭게 재구성하고 나머지 부분은 새롭게 집필해서 만든 책이다. 저자는 이 책에서 프래그머티즘을 소개하는 데 그치지 않고 프래그머티즘이라는 사상이 우리 사회에서 어떻게 받아들여져야 할지에 대한 고민도 함께 담았다.

• 김태길, 『존 듀이의 사회철학』 – 명문당, 1990

우리나라의 원로 철학자인 김태길 교수가 쓴 듀이의 사회철학 입문서다. 저자
는 가능한 한 쉽게 듀이의 사회철학을 소개하고자 했다고 하지만, 한자가 섞여
있고 요즘 세대에 익숙하지 않은 표현들이 있어서 그다지 쉽게 읽을 수 있는 책
은 아니다. 그러나 원로 철학자의 한국 사회에 대한 애정과 미국 철학을 수용하
는 태도에 대한 고민이 들어 있어 읽는 사람에게 교훈이 되는 책이다.

• 루이스 메난드, 『프래그머티즘의 길잡이』 – 철학과현실사, 2001

제임스, 퍼스, 듀이, 로티 등과 같은 대표적인 프래그머티스트의 논문뿐만 아니
라 미드, 애덤스, 홈스, 퍼트넘, 번슈타인 등과 같은 사상가들의 논문을 집대성
한 논문집이다. 프래그머티즘의 고전적인 논문들이 많이 수록되어 있어서, 원
전을 읽고자 한다면 추천할 만한 책이다.

• S. M. 에임즈, 『실용주의』 – 전남대학교출판부, 1999

퍼스, 제임스, 듀이, 미드와 같은 고전적인 프래그머티스트들을 주제별로 묶어
서 소개하고 있는 입문서다. 특히 저자는 이들이 다원주의로부터 어떤 영향을
받았는지를 중점적으로 밝히고 있다. 프래그머티즘에 대한 이해가 없는 사람이
쉽게 읽을 수 있는 책은 아니지만 프래그머티즘의 특성을 잘 설명하고 있는 책
이다.

• 리처드 로티, 『우연성, 아이러니, 연대성』 – 민음사, 1996

로티의 주저 가운데 하나인 이 책은 로티의 심리철학, 언어철학, 사회철학의 입
장을 설명한 책이다. 문학작품과 프랑스 철학자인 데리다에 대한 설명 부분은
사전 지식이 없는 사람들에게는 무척 어렵게 느껴질 것이다. 절판되어서 시중
에서 구하기는 어렵다.

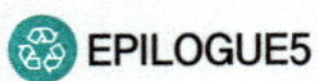 EPILOGUE5

찾아보기

John Dewey
&
Richard Rorty

Jacques Ellul
Albert Einstein
Alvin Toffler
Niels H. D. Bohr
孟子
Hawking
Richard M. Rorty
René Descartes
John Dewey
Isaac Newton
Montesquieu
James D. Watson
湯川秀樹
Alexis De Tocqueville
Francis H. C. Crick
Max Weber
Edmund Husserl
Emile Durkheim
Martin Heidegger
Thomas S. Kuhn
John Keynes
Karl Marx
Karl Popper
Friedrich von Hayek
석주명
Skinner
우장춘
Noam Chomsky
Galileo Galilei
退溪
栗谷
L. J. J. Wittgenstein
Johannes Kepler
J. Robert Oppenheimer
Margaret Mead
Werner K. Heisenberg
Franz Boas
Mircea Eliade
Walter Benjamin
Robert Boyle
Jonathan Z. Smith
Theodor W. Adorno
Michel Foucault
Jürgen Habermas
인류의 지성사를 이끌어온
100인의 지식인 마을 주민들